하나님의
구출 계획

가스펠 프로젝트

구약 2

하나님의 구출 계획

중고등부 교사용

지은이 · LifeWay Students
옮긴이 · 오주영
감수 · 김병훈, 이희성, 곽상학
초판 발행 · 2017년 2월 13일
2판 1쇄 발행 · 2024년 9월 2일
등록번호 · 제1988-000080호
등록된 곳 · 서울특별시 용산구 서빙고로65길 38
발행처 · 사단법인 두란노서원
영업부 · 02-2078-3352, 3452, 3752, 3781 FAX 080-749-3705
편집부 · 02-2078-3437
디자인 · 땅콩프레스

책값은 뒤표지에 있습니다.
ISBN 978-89-531-4673-0 04230 / 978-89-531-4670-9(세트)

가스펠 프로젝트 홈페이지 · gospelproject.co.kr
두란노몰 · mall.duranno.com

차례

발간사 *5* / 감수사 *6* / 추천사 *8* / 일러두기 *10*

첫 번째 이야기

구속하시는 하나님 · 출애굽기 2~17, 32장

01 하나님은 들으셔! *11*

02 은혜와 심판이 나란히! *21*

03 유월절, 흠 없는 어린양 *33*

04 진퇴양난에서 죽을까 살까 *43*

05 광야 훈련소로 집합! *53*

06 우상 숭배는 죄야! *63*

두 번째 이야기

율법을 주시는 하나님 · 출애굽기, 레위기, 신명기

07 십계명 돌판 하나! *73*

08 십계명 돌판 둘! *83*

09 성막, 하나님의 집 *93*

10 번제, 소제, 화목제 *103*

11 속죄제, 속건제 *113*

12 모세의 고별 설교 *123*

자료1 출애굽기의 주요 인물 *132* / 자료2 **성막** *133* / 자료3 **속죄 제물** *134*
자료4 **모세의 일생** *135* / 자료5 **모세와 예수님 비교** *136* / 자료6 **출애굽기 지도** 뒤표지

2

God Delivers

발간사

두란노서원을 통해 라이프웨이(LifeWay)의 《가스펠 프로젝트》 성경 공부 교재 시리즈를 발간할 수 있도록 인도하신 하나님께 감사드립니다. 험한 소리로 가득한 세상에 이 책을 디딤돌처럼 놓습니다. 우리 삶은 말씀을 만난 소리로 풍성해져야 합니다. 주님을 만난 기쁨의 소리, 진실 앞에서 탄식하는 소리, 죄를 씻는 울음소리, 소망을 품은 기도 소리로 가득해야 합니다.

《가스펠 프로젝트》는 신구약을 관통하는 예수 그리스도의 복음을 발견하고, 그 가르침을 삶에 적용하는 지혜를 얻도록 기획한 성경 공부 교재입니다. 어린아이부터 어른에 이르기까지 생애주기에 따른 복음 메시지를 잘 배울 수 있습니다. 또한, 거짓 진리가 미혹하는 이 시대에 건강한 신학과 바른 교리로 말씀을 조명하여 성도의 신앙이 좌로나 우로나 치우치지 않도록 돕습니다.

두란노서원은 지금까지 "오직 성경, 복음 중심, 초교파적 관점"을 바탕으로 한국 교회와 성도를 꾸준히 섬겨 왔습니다. 오직 성경의 정신에 입각해 책과 잡지를 출판해 왔으며, 성경에 근거한 복음 중심의 신학을 포기한 적이 없습니다. 그리고 교단과 교파를 초월하여 교회와 성도가 하나님 나라를 바라볼 수 있도록 돕기 위해 노력해 왔습니다. 《가스펠 프로젝트》는 두란노가 지켜 온 세 가지 가치를 충실하게 담은 책입니다.

성경은 구원을 위한 책이며, 구원사의 주인공은 예수 그리스도입니다. 창세기부터 요한계시록까지 오직 예수 그리스도의 복음만을 전하는 《가스펠 프로젝트》 성경 공부 교재를 통해 복음의 은혜와 진리를 깊이 경험하고, 복음 중심의 삶이 마음 판에 새겨지기를 바랍니다. 그리고 예수 그리스도 복음에 굳게 선 한 사람의 영향력이 가정과 교회와 사회에 흘러감으로써 거룩한 하나님 나라가 확산되어 가기를 소망합니다.

두란노서원 원장 **이 형 기**

감수사

두란노가 출간하는 《가스펠 프로젝트》는 무엇보다도 전통적으로 교회가 풀어 온 흐름을 충실히 따라 성경을 해설하고 있습니다. 그리고 그 방향은 궁극적으로 예수 그리스도를 향해 나아가고 있습니다. 이것은 예수님이 구약과 신약의 모든 성경이 자신을 가리키고 있다고 하신 말씀에 비추어 매우 타당한 것입니다. 게다가 그리스도 중심적 해설을 무리하게 전개하지 않습니다. 각 본문에서 하나님의 구원 언약과 그것을 실현하시는 하나님을 드러내면서, 그리스도의 예표적 설명이 가능한 사건을 놓치지 않고 풀어내고 있습니다.

성경 공부 교재는 명시적으로 혹은 암시적으로 제시하는 교리적 진술이 교리체계상 건전해야 합니다. 《가스펠 프로젝트》는 99개 조에 이르는 핵심 교리들을 일목요연하게 제시하여 교리의 건전성을 확인할 수 있도록 도움을 줍니다. 《가스펠 프로젝트》의 교리는 교파를 막론하고, 예수 그리스도의 복음에 충실한 복음주의 교회들에게 환영받을 만합니다. 물론 교파마다 약간의 이견을 갖는 부분들이 있을 수 있겠지만 각 교회에서 교재를 활용하는 데에 무리가 없을 것으로 판단합니다. 《가스펠 프로젝트》의 특징은 각 과에서 학습한 내용을 핵심 교리와 연결해 주며, 그 결과 그리스도의 복음에 관련한 교리적 이해를 강화시킨다는 데에 있습니다.

끝으로 《가스펠 프로젝트》는 어떤 성경 주해서나 교리 학습서가 갖지 못하는 훌륭한 장점을 가지고 있습니다. 그것은 학습자를 하나님과 그리스도의 복음 앞으로 나오도록 이끌며 자신의 신앙과 삶을 돌아보도록 하는 적용의 적실성과 훈련의 효과입니다. 아울러 선교적 안목을 열어 주는 적용 질문들을 더해 준 것은 《가스펠 프로젝트》에서 얻을 수 있는 커다란 유익입니다.

《가스펠 프로젝트》는 성경을 개괄적으로 매주 한 과씩, 3년의 기간 동안 일목요연하게, 그리고 그리스도 중심적으로 공부하도록 이끌어 준다는 점에서, 한국 교회의 기초를 성경 위에 놓는 일에 대단히 커다란 공헌을 할 것으로 믿어 의심치 않습니다.

김병훈 _ 합동신학대학원대학교 조직신학 교수

아모스 선지자가 타락의 일로를 걷고 있던 북이스라엘을 향해 선포한 메시지가 생각납니다. "보라 날이 이를지라 내가 기근을 땅에 보내리니 양식이 없어 주림이 아니며 물이 없어 갈함이 아니요 여호와의 말씀을 듣지 못한 기갈이라"(암 8:11). 주전 8세기 아모스 선지자의 외침이 오늘 이 시대에 다시 메아리쳐 오고 있습니다. 온갖 이단들이 영적으로 갈급한 성도들을 향해 검은손을 내밀고 있습니다. 이들은 성경 구절을 단편적으로 이해하고 왜곡하여 교리를 구축한 후 성도들을 혼란에 빠뜨리고 있습니다. 두란노의 《가스펠 프로젝트》는 성도들이 겪고 있는 이러한 갈증을 해소해 줄 수 있는 참으로 유익한 성경 공부 교재입니다.

첫째, 《가스펠 프로젝트》는 성경 전체 흐름과 문맥에 따라 구성되어 성경의 큰 그림을 볼 수 있도록 도와줍니다. 또 성경 각 본문의 의미를 깊이 이해할 수 있도록 해당 분야의 전문 성경 신학자들의 주석적 견해를 잘 소개하고 있습니다. 둘째, 본문 연구와 함께 관련

핵심 교리들을 적절하게 소개하여 성경과 교리를 연결할 수 있습니다. 또 모든 과에서 그리스도와의 연결점을 찾아 제시해 주므로 구약 본문을 통해서도 복음을 깨달을 수 있습니다. 성경 공부 전 과정을 마치면 성도들이 복음에 대한 견고한 믿음을 가지게 될 것입니다. 셋째, 성경 공부를 통한 적용의 초점을 선교에 맞추어 성도들이 삶의 현장에서 복음의 증인으로서의 사명을 감당할 수 있게 도와줍니다. 마지막으로, 주일학교 어린이부터 장년에 이르기까지 동일한 주제와 본문으로 성경을 공부하도록 구성하였기 때문에 모든 교인이 한 말씀 안에서 한 믿음의 공동체를 이루며 성숙해 가는 영적 부흥을 경험하게 될 것입니다.

두란노의 《가스펠 프로젝트》를 통해 말씀이 갈급한 기근의 시대에 영적 해갈의 기쁨을 경험하시기 바랍니다.

이희성 _ 총신대학교 구약학 교수

✛　　　일반적으로 교육의 3요소를 교육 주체인 교사, 교육 객체인 학생, 교육 내용인 교육 과정(curriculum)이라고 말합니다. 기독교 교육 또한 교회 학교 교사나 가정의 부모가 교육 주체가 되어 다음 세대인 청소년들에게 복음이 담긴 성경을 가르치는 것입니다. 교육 과정을 제외하고는 공교육과 기독교 교육이 본질적으로 다를 수 없는데, 시대의 요청이나 학습자의 역량에 따라 교육 과정이 바뀌는 공교육과 달리, 성경이라는 절대 진리가 교육 과정인 기독교 교육은 수요자 중심의 창의적 상호 작용 등 교육 방법론에 취약점을 보인 것이 사실입니다.

《가스펠 프로젝트》는 객관론적인 인식론에 근거한 프로젝트 수업을 염두에 두었기 때문에, 안내하고 조력하는 교사의 역할 수행과 자연스럽고도 적극적인 학생들의 반응이 만나 성경의 내용을 '지금 그리고 여기'를 사는 '나'와 접목시켜 진지하게 대면하게 합니다. 매 과마다 청소년 설교 제목과 같은 감각적인 제목으로 문을 열고 들어가 'HIS STORY'를 만나게 됩니다. 그뿐 아니라 연대표('TIME LINE'), '알짬 교리 99' 등은 다소 지루할 수 있는 성경의 이야기를 청소년 특유의 감성으로 그들의 지적 호기심을 채워 주기에 충분합니다. 또한 '그리스도와의 연결'로 구속사적 흐름을 놓치지 않고 그리스도의 복음을 충실히 따르고 있습니다. 영원불변하는 하나님의 말씀이 21세기에 대한민국에서 살아가는 중학생, 고등학생의 실제 이야기로 잘 구현되도록 한 'YOUR STORY', 그리고 'HEAD'(생각)와 'HEART'(마음)가 어떻게 'HANDS'(행동)로 이어지는가에 대한 'YOUR MISSION'은 성경 공부의 매우 중요한 연결 고리가 될 것입니다.

《가스펠 프로젝트》는 그리스도 중심의 성경 공부 교재이자, 성경 전체를 꿰뚫는 복음의 알파와 오메가로서 이 시대에 새로운 기독교 교육의 이정표가 될 것을 확신합니다.

곽상학 _ 전 온누리교회 협동 목사

추천사

✚ 우리 시대의 전 세계적 교회 부흥은 두 가지 샘을 갖고 있습니다. 한 샘은 오순절 부흥운동의 샘입니다. 이 샘으로 많은 시대의 목마른 영혼들이 목마름을 해갈했습니다. 또 하나의 샘은 성경 연구의 샘입니다. 남침례교 주일학교 운동은 이 샘의 개척자입니다. 이 샘으로 지금도 많은 성도들이 목마름을 해갈하고 있습니다. 미 남침례교 라이프웨이 출판사는 이러한 사역을 충실히 감당해 왔습니다.《가스펠 프로젝트》는 모든 필요를 공급하는 원천이 될 것입니다.《가스펠 프로젝트》로 한국 교회의 목마름이 해갈되기를 기도합니다.《가스펠 프로젝트》는 쉬우면서도 결코 피상적이지 않습니다. 믿음의 단계를 따라 하나님의 자녀들에게 꼭 필요한 복음의 진수를 맛보게 해 줄 것입니다. 이 체계적인 교재로 이 땅에 새로운 영적 르네상스가 일어나기를 기대합니다.

이동원 지구촌교회 원로목사, 지구촌 미니스트리 네트워크 대표

✚ 《가스펠 프로젝트》는 예수 그리스도 중심의 제자 양육 교재입니다. 성도들을 변화와 성숙으로 이끌어 주는 귀한 교재가 조국 교회와 이민 교회에 소중하게 쓰임 받기를 바랍니다. 특별히 이민 2세들은 영어 교재 원본을 사용할 수 있는 까닭에 큰 도움이 될 것입니다.

강준민 LA 새생명비전교회 담임 목사

✚ 성경은 예수 그리스도를 중심으로 하는 하나님의 구원 이야기입니다. 성경을 가르치는 일은 하나님의 구원에 동참하는 하나님의 사람을 만드는 일이며, 하나님의 사람의 탁월한 모델은 바로 예수 그리스도입니다.《가스펠 프로젝트》는 예수 그리스도를 중심으로 성경을 배웁니다. 성경이 어떻게 그리스도와 연결되어 있는지, 또 성도의 삶이 그리스도를 중심으로 하는 하나님의 구원 계획에 어떻게 연결되어야 하는지 구체적으로 제시합니다.

특히 《가스펠 프로젝트》는 하나의 본문으로 각 연령에 맞게 구성한 교재를 제공하여 하나의 본문으로 전 세대를 연결하고, 가정과 교회를 하나 되게 합니다. 신앙의 전수가 중요한 시대에 성도와 교회와 가정이 한마음으로 다음 세대를 준비시키기에 적합합니다. 특히 가정에서 부모가 자녀와 말씀으로 대화를 나눌 수 있게 하여 자녀 신앙 교육에 도움이 될 것입니다.

《가스펠 프로젝트》가 주일학교부터 장년에 이르기까지 전 교회와 성도의 각 가정에서 사용되어 예수 그리스도를 통한 하나님의 가스펠 프로젝트가 성취되기를 기도하면서 기쁨과 확신으로 추천합니다.

이재훈 온누리교회 담임 목사

✝ 　　《가스펠 프로젝트》는 성경을 예수 그리스도 중심으로 심도 있게 살피도록 도우면서, 또한 그것을 이야기 형식으로 제시하며 실질적으로 적용하도록 이끄는 탁월함이 보입니다. 이는 청소년들이 자연스럽게 주변 또래들에게 자신이 경험한 예수 그리스도와 복음에 대해 나눌 수 있게 합니다.

왕동식 서울YFC(십대선교회) 대표, 청소년사역자협의회 회장

✝ 　　《가스펠 프로젝트》는 복음주의적인 관점에서 성경을 이해하며 성경적 가치관을 형성하는 데 큰 도움을 줍니다. 특히 예수 그리스도를 모든 과에서 그 중심에 두어 구속사적으로 이해할 수 있도록 돕습니다. 또한 각 과별 주제도 친근할 뿐 아니라 다음 세대의 눈높이에 맞추고 있어서 적극 추천합니다.

황성건 (사)청소년선교햇불 대표, 소금과빛 국제학교 운영 이사

✝ 　　사역 현장에서는 하나님의 말씀을 효율적으로 가르칠 수 있는 좋은 방법과 교재에 늘 목말라합니다. 그런 점에서 그 필요를 잘 충족해 줄 교재가 출간되어 기쁜 마음으로 추천합니다.

김운용 장로회신학대학교 실천신학 교수

✝ 　　《가스펠 프로젝트》는 하나님의 말씀으로 우리를 초청해서 예수 그리스도를 만나게 하고 사랑하게 만드는 훌륭한 교재입니다. 자녀들이 교회 학교에서, 부모들이 소그룹에서 말씀을 공부한 후에 저녁 식탁에 둘러앉아 예수님에 대해 함께 나눌 수 있다는 것은, 상상만 해도 너무나도 멋지고 복된 일입니다.

김지철 전 소망교회 담임 목사

✝ 　　성경이 가르치는 구원의 도리인 교리를 성경 본문을 통해 배우기가 쉽지 않기 때문에 좋은 안내서가 필요합니다. 《가스펠 프로젝트》는 이와 같은 역할을 탁월하게 수행하고 있기 때문에 기쁜 마음으로 추천합니다.

이성호 고려신학대학원 역사신학 교수

✝ 　　《가스펠 프로젝트》는 어린이부터 장년까지 성경에서 예수님이라는 보석을 찾는 눈을 활짝 열어 주는 놀라운 교재입니다. 각 연령대에 맞게 구성된 본 교재를 통해 예수님을 다시 발견하고 한국 교회가 더욱 견고하게 되기를 바랍니다.

최병락 강남중앙침례교회 담임 목사

일러두기

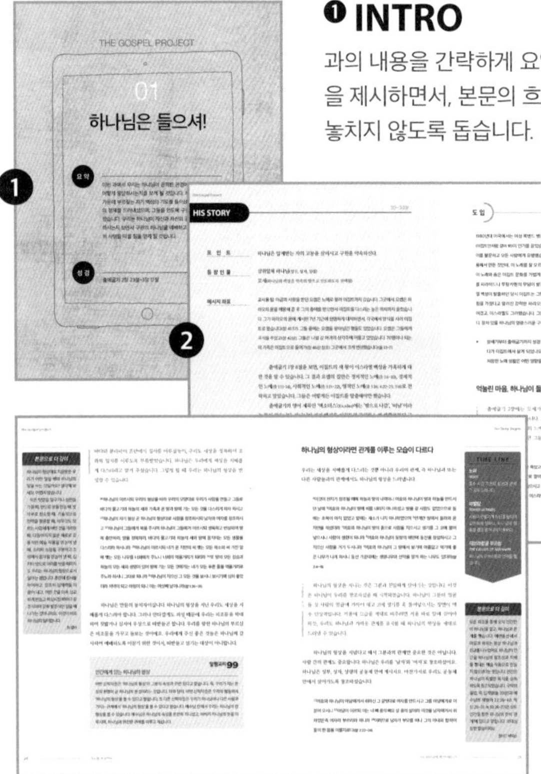

❶ INTRO

과의 내용을 간략하게 요약하고 성경 본문을 제시하면서, 본문의 흐름과 학습 목표를 놓치지 않도록 돕습니다.

❷ HIS STORY

하나님의 구속사에 초점을 맞춰 성경을 이해하도록 하며, 다음과 같은 특징이 있습니다.

* **students** 왼편에 'students' 글씨와 함께 회색 세로줄이 있는 단락은 학생용 교재와 동일한 부분입니다. 학생용 교재의 모든 내용이 교사용에도 실려 있습니다.
* **연대표** 성경을 시간 순으로 이해하도록 살피는 표로, 학생용 교재에서는 그림도 함께 제공합니다.
* **본문으로 더 깊이** 이야기 속으로 더 깊이 들어가도록 돕는 성경 주해입니다. 이 자료를 어떤 식으로 활용할 것인지는 교사의 재량에 달려 있으며, 참고만 해도 괜찮습니다.
* **알짬 교리 99** 매 과의 본문 내용과 관련된 기독교 핵심 교리입니다.
* **그리스도와의 연결** 각 과의 주제가 어떻게 예수 그리스도를 가리키며 연결되는지 살피는데, 이를 통해 모든 성경이 그리스도를 가리키고 있음을 강조해 줍니다.

❸ YOUR STORY

하나님이 과거에 행하신 일을 오늘날과, 그리고 우리 자신과 연결하도록 돕는 토론 질문을 제시합니다. 매 질문마다 교사에게 주는 조언이 첨부되어 있습니다.

❹ YOUR MISSION

그리스도인으로서 어떻게 살아가야 할지 하나님의 이야기를 통해 생각하고 변화를 경험하도록 이끕니다. 단순한 성경 공부를 넘어 사명감을 가지고 이 세상을 살아가야 할 것을 강조하면서 하나님의 부르심에 참여하도록 돕습니다.

가스펠 프로젝트 홈페이지 자료실 gospelproject.co.kr 에 있는 다양한 자료를 활용해 보세요.

- **십대와 나누는 믿음의 대화** 학생들과 폭넓게 나눌 수 있도록 본문의 요점, 질문, 명언을 제시합니다.
- **교사 지도 가이드** 교사에게 필요한 본문에 대한 설명과 지도 방향 등을 동영상으로 제공합니다.
- **가족성경읽기표** 본문에도 나오는 연대기적 성경 통독 일정이, 온가족이 보기 좋게 정리되어 있습니다.

교사 지도 가이드

01

하나님은 들으셔!

요약

이번 과에서 우리는 하나님이 끔찍한 곤경에 처한 이스라엘에 어떻게 응답하시는지를 보게 될 것입니다. 하나님은 압제받는 가운데 부르짖는 자기 백성의 기도를 들으셨고, 모세에게 자신의 정체를 드러내셨으며, 그들을 인도해 구원하겠다고 약속하셨습니다. 우리는 하나님이 자신과 자신의 공의를 어떻게 계시하시는지 보면서 구원의 하나님을 예배하고 이 세상에서 주님의 사명을 따를 힘을 얻게 될 것입니다.

성 경

출애굽기 2장 23절~3장 17절

HIS STORY

포 인 트

하나님은 압제받는 자의 고통을 살피시고 구원을 약속하신다.

등 장 인 물

삼위일체 하나님(성부, 성자, 성령)

모세(하나님의 백성을 약속의 땅으로 인도하도록 선택됨)

메시지 좌표

교사용 팁: 야곱의 사랑을 받던 요셉은 노예로 팔려 이집트까지 갔습니다. 그곳에서 요셉은 파라오의 꿈을 해몽해 준 후 그의 총애를 받으면서 이집트를 다스리는 높은 위치까지 올랐습니다. 그가 파라오의 꿈에 계시된 7년 기근에 현명하게 대처하자, 각국에서 양식을 사러 이집트로 왔습니다(창 41:57). 그들 중에는 요셉을 팔아넘긴 형들도 있었습니다. 요셉은 그들에게 곡식을 주었고(창 42장), 그들은 나일 강 어귀의 삼각주에 머물렀습니다. 70명이나 되는 이 가족은 이집트로 들어가(창 46장 참조) 그곳에서 크게 번성했습니다(출 1:1~7).

출애굽기 1장 8절을 보면, 이집트의 새 왕이 이스라엘 백성을 가혹하게 대한 것을 알 수 있습니다. 그 결과 요셉의 집안은 정치적인 노예(출 1:8~10), 경제적인 노예(출 1:11~14), 사회적인 노예(출 1:15~22), 영적인 노예(출 3:18; 4:22~23; 5:8)로 전락하고 말았습니다. 그들은 어떻게든 이집트를 탈출해야만 했습니다.

출애굽기의 영어 제목인 '엑소더스'(Exodus)에는 '밖으로 나감', '떠남'이라는 뜻이 있습니다. 하나님이 자기 백성을 이집트의 잔인한 노예 생활로부터 구원해 내신 이야기를 역사적으로 서술한 것이 바로 출애굽기입니다. 이 탈출기는 '하나님의 구출 계획'을 탐구하는 성경 여행을 열기에 충분한, 아주 매력적인 이야기입니다. 또한 케케묵은 옛날이야기가 아니며, 우리 삶에 매우 중요하고 의미 있는 이야기입니다. 우리에게 변화에 대한 갈망과 도전을 주기에 부족함이 없습니다.

도 입 5~10분

1980년대 미국에서는 여성 록밴드 뱅글스(the Bangles)가 부른 <Walk Like an Egyptian> (이집트인처럼 걸어 봐)이 인기를 끌었습니다. 그러면서 경쾌한 '샌드 댄스'(sand dance)가 나이를 불문하고 모든 사람에게 유행했습니다. 이 춤은 고대 이집트 미술품에 나온 동작을 응용해서 만든 것인데, 이 노래를 잘 모르는 사람도 이 춤을 알 정도였습니다.

이 노래와 춤은 이집트 문화를 가볍게 여기도록 만들었습니다. 많은 서양 사람들은 이집트를 피라미드나 투탕카멘의 무덤이 발견된 곳 정도로만 알았기 때문입니다. 하지만 이스라엘 백성이 탈출하던 당시 이집트는 그렇지 않았습니다. 엄청난 건축 사업을 벌이던, 어둠의 힘을 가졌다고 알려진 강력한 파라오들이 있었기 때문입니다. 모두가 이집트를 심각하게 여겼고, 이스라엘도 그러했습니다. 그들은 이집트의 노예로서, 끔찍한 삶을 살아야 했습니다. 장차 있을 하나님의 영광스러운 구원과 대비되는 어두운 삶이었습니다.

▶ 창세기부터 출애굽기까지 성경 이야기를 잠시 훑어봅시다. 이스라엘 사람들은 어쩌다가 이집트에서 살게 되었나요? 하나님의 언약을 바라보는 그들의 관점에 그들의 처참한 노예 생활은 어떤 영향을 미쳤을까요?(창 12:1~3 참조).

억눌린 마음, 하나님이 들으셔!

students

출애굽기 2장에는 모세가 태어나고(1~10절) 자라고(11~15절) 도망하는 (15~22절) 이야기가 나옵니다. 23절에서는 이집트의 왕이 바뀌는 이야기가 나오는데, 그래도 그 땅의 노예였던 이스라엘 백성의 삶은 변함없이 힘겨웠습니다. 고통에 신음하던 그들은 도움을 구하기 위해 울부짖을 수밖에 없었습니다.

23여러 해 후에 애굽 왕은 죽었고 이스라엘 자손은 고된 노동으로 말미암아 탄식하며 부르짖으니 그 고된 노동으로 말미암아 부르짖는 소리가 하나님께 상달된지라 24하나님이 그들의 고통 소리를 들으시고 하나님이 아브라함과 이삭과 야곱에게 세운 그의 언약을 기억하사 25하나님이 이스라엘 자손을 돌보셨고 하나님이 그들을 기억하셨더라 (출 2:23~25).

학생들에게 자선 단체나 기구의 이름을 말하게 해 보세요. 한 학생이 대표로 나와 칠판이나 큰 종이에 받아 적게 합니다. 또한 각 단체나 기구가 사람들을 어떻게 돕고 있는지 아는 대로 설명하게 합니다.

이러한 곳들은 누군가 다른 사람의 고통을 보고 그냥 지나치지 않고 그들을 돕기 위해 무언가를 하겠다고 결심한 것부터 시작되었다는 점을 알려 주세요.

• 다른 사람의 고통을 보면 어떻게 해야 할까요?

• 어려움을 당한 자신을 그냥 지나치지 않고 돌봐 준, 동정심이 있는 사람을 만난 적이 있나요?

• 도움을 줄 사람을 만나지 못해 외로움과 막막함과 무가치함을 느낀 적이나, 그렇게 느끼는 사람을 만난 적이 있나요?

하나님은 언제나 그분의 백성을 살피시고 그들의 어려움을 돌보신다는 점을 강조해 주세요. 하나님이 우리의 상처나 실망이나 부담을 알지 못하시는 순간은 단 한 순간도 없습니다. 하나님이 그분의 백성을 절대 잊어버리지 않으신다는 사실을 기억할 필요가 있습니다. 하나님은 우리의 어려움을 살피시고, 긍휼과 지혜로 응답해 주실 것입니다.

연 대 표

모세가 하나님과 말하다
MOSES SPEAKS TO GOD
하나님이 자신을 모세에게 계시
하시고 구원을 약속하시다.

하나님의 영광이 드러나다
GOD'S GLORY IS REVEALED
하나님이 모든 열방 가운데 자
기 영광을 나타내시다.

심판과 구원
JUDGE AND SAVIOR
하나님이 심판하시면서도 구원
의 수단을 제공하시다.

홍해
THE RED SEA
하나님이 홍해를 가르시고 자기
백성을 인도하시다.

광야 생활
THE WILDERNESS
이스라엘이 믿음으로 하나님을
따라야만 하는 길을 떠나 약속
의 땅으로 향하다.

금송아지
THE GOLDEN CALF
이스라엘이 하나님이 아닌 우상
을 경배하다.

그들의 부르짖음을 하나님은 들으셨습니다. 하나님은 또한 그들이 압제 당하는 것을 보셨고, 그 상황에 주목하셨습니다(출 2:24~25). 하나님은 보셨습니다. 하나님은 분명히 아셨습니다. 하나님의 세심한 성품이 성경 곳곳에서 드러나고 있습니다. 주님의 백성은 그들의 하나님을 향해 울부짖을 수 있고, 하나님이 그들에게 귀 기울이시고 그들의 형편을 주목하시는 것을 믿을 수 있습니다.

출애굽기 3장에서도 이와 비슷한 장면을 볼 수 있습니다. 하나님은 백성들의 신음 소리를 들으셨다고 모세에게 말씀해 주셨습니다. 하나님은 구원의 중재자로 모세를 부르셨고, 이스라엘의 기도를 들으셨다는 사실을 일깨워 주셨습니다. 하나님은 자기 백성을 구원하시는 계획을 모세에게 들려주셨습니다. 성경에서는 모세가 소명받는 장면을 다음과 같이 묘사합니다.

1모세가 그의 장인 미디안 제사장 이드로의 양 떼를 치더니 그 떼를 광야 서쪽으로 인도하여 하나님의 산 호렙에 이르매 2여호와의 사자가 떨기나무 가운데로부터 나오는 불꽃 안에서 그에게 나타나시니라 그가 보니 떨기나무에 불이 붙었으나 그 떨기나무가 사라지지 아니하는지라 3이에 모세가 이르되 내가 돌이켜 가서 이 큰 광경을 보리라 떨기나무가 어찌하여 타지 아니하는고 하니 그때에 4여호와께서 그가 보려고 돌이켜 오는 것을 보신지라 하나님이 떨기나무 가운데서 그를 불러 이르시되 모세야 모세야 하시매 그가 이르되 내가 여기 있나이다 5하나님이 이르시되 이리로 가까이 오지 말라 네가 선 곳은 거룩한 땅이니 네 발에서 신을 벗으라 6또 이르시되 나는 네 조상의 하나님이니 아브라함의 하나님, 이삭의 하나님, 야곱의 하나님이니라 모세가 하나님 뵈옵기를 두려워하여 얼굴을 가리매(출 3:1~6).

이 구절에서 불타는 떨기나무, 모세에게 나타나신 '여호와의 사자'를 보게 됩니다. 하나님은 모세를 부르신 후, 존경의 행위로 신을 벗으라고 말씀하셨습니다(출 3:5; 수 5:13~15 참조). 그리고 나서 모세의 조상 아브라함과 이삭과 야곱의 하나님이라고 자신을 밝히셨습니다(출 3:6). 하나님은 모세와 관계를 형성하기에 앞서 모세의 조상과도 관계를 형성하셨습니다(출 2:24 참조). 하나님은 또한 그분 자신의 개인사 가운데 일부를 모세에게 알려 주셨습니다.

불타는 떨기나무의 하나님은 낯선 분이 아닙니다. 그들의 역사 속에서 그들을 위해 일하셨던 하나님입니다. 하나님이 "나는 아브라함과 이삭과 야곱의 하나님이었다"라고 하지 않으시고, "나는 아브라함과 이삭과 야곱의 하나님이다"라고 하신 점에 주목하십시오. 이는 하나님의 백성은 절대 죽지 않고, 하나님과 영원히 관계 맺음을 나타냅니다.

자주 만나는 유명인이 있나요? 만약 누군가가 그 유명인을 기사나 방송으로 보기만 했다면 서로 잘 안다고 말할 수 있을까요?

하나님을 알려면 하나님과 진정으로 만나야 합니다. 하나님과 대면해 본 사람은 그 독특함과 거룩함으로 인해 하나님을 착각할 수가 없습니다. 다음 단계는 우리가 만난 하나님을 어떻게 신뢰할지 결정하는 것입니다.

절실한 마음, 하나님이 들으셔!

하나님이 압제받는 자의 기도를 어떻게 들으시는지 살펴보았습니다. 이제 하나님이 이들에게 어떻게 응답하시는지 자세히 살펴보겠습니다.

11모세가 하나님께 아뢰되 내가 누구이기에 바로에게 가며 이스라엘 자손을 애굽에서 인도하여 내리이까 12하나님이 이르시되 내가 반드시 너와 함께 있으리라 네가 그 백성을 애굽에서 인도하여 낸 후에 너희가 이 산에서 하나님을 섬기리니 이것이 내가 너를 보낸 증거니라 13모세가 하나님께 아뢰되 내가 이스라엘 자손에게 가서 이르기를 너희의 조상의 하나님이 나를 너희에게 보내셨다 하면 그들이 내게 묻기를 그의 이름이 무엇이냐 하리니 내가 무엇이라고 그들에게 말하리이까 14하나님이 모세에게 이르시되 나는 스스로 있는 자이니라 또 이르시되 너는 이스라엘 자손에게 이같이 이르기를 스스로 있는 자가 나를 너희에게 보내셨다 하라 15하나님이 또 모세에게 이르시되 너는 이스라엘 자손에게 이같이 이르기를 너희 조상의 하나님 여호와 곧 아브라함의 하나님, 이삭의 하나님, 야곱의 하나님께서 나를 너희에게 보내셨다 하라 이는 나의 영원한 이름이요 대대로 기억할 나의 칭호니라(출 3:11~15).

본문으로 더 깊이

'불'은 하나님의 거룩한 임재를 나타냅니다. 이러한 불은 출애굽기 뒷부분 외에도 성경 곳곳에서, 즉 시내 산에서도, 성막에서도, 오순절에도 나타났습니다. 신명기에서 하나님은 우상 숭배를 금지하시는데, 모세가 이렇게 말했습니다. "네 하나님 여호와는 소멸하는 불이시요 질투하시는 하나님이시니라"(신 4:24). 히브리서 저자도 같은 용어를 사용해 예배하는 법을 묘사했습니다(히 12:28~29). 불은 매혹적이지만, 한편으로는 위험합니다. 불을 가지고 놀지 않도록 아이들에게 경고해야 하며, 불을 다룰 때는 진지해야 합니다. 하나님은 거룩하시니 그분께도 그래야만 합니다.

● students

본문으로 더 깊이

모세에게는 확신이 없었습니다. 하나님의 구원 계획이 성공할 것 같지 않았고, 자신이 그 일에 적임자 같지도 않았습니다. 출애굽기 4장에서 모세는 하나님과 다투기까지 했습니다. 아무도 자기 말을 믿을 리가 없다고 항변했는데(출 4:1~9), 하나님은 그들이 결국 믿게 될 것이라고 모세를 안심시켜 주셨습니다.

그러자 이번에는 자신의 언변이 부족하다고 핑계를 댔습니다(출 4:10~12). 하나님은 물으셨습니다. "누가 사람의 입을 지었느냐"(출 4:11). 하나님은 모세가 목적이 있어 지음받았다고 말씀해 주셨지만, 그의 연약함도 아셨습니다. 바로 이 연약함 때문에 하나님이 더 큰 영광을 받으실 것입니다.

하나님은 모세의 핑계가 적절하지 않다고 하셨습니다. "내가 네 입과 함께 있어서 할 말을 가르치리라"(출 4:12). 하나님이 찾으시는 사람은 연설자가 아니라 전달자입니다. 그저 전달만 잘하면 됩니다. 모세는 자신의 소관이 아닌 일이 있음을 깨우쳐야 했고, 우리도 마찬가지입니다. 그것은 '스스로 있는 자'에게 속한 일이기 때문입니다.

마침내 모세는 하나님께 간청했습니다. "저는 여기 있습니다만, 다른 사람을 보내십시오." 하나님은 분노하셨지만(출 4:14), 그 와중에도 여전히 은혜로우셨습니다. 아론을 보내 모세를 돕게 하셨던 것입니다(출 4:14~16).

모세는 사명을 받았지만, 그것을 받아들이지 못했습니다. 그는 하나님의 부르심에 순종할 수 없는 핑계들을 댔습니다. 그러자 하나님은 그분의 권능에 관해 설명해 주시면서 모세가 내놓는 핑계와 질문에 일일이 답해 주셨습니다.

자신감이 없었던 모세는 하나님께 "내가 누구이기에"(출 3:11)라면서 질문을 시작했습니다. 이 말은, 자신은 40년 동안 광야에만 있었던 사람이라는 뜻입니다. 생각해 보면, 한때 왕자였다지만 당시 모세는 미천한 목자였을 뿐입니다. 하나님은 일개 목자에게 당대 최고 권력자 앞에서 수많은 노예를 풀어 달라고 요구하라고 명령하신 것입니다. 이 요구는 평범한 노동자가 강대국 대통령에게 전쟁을 선포하는 것과 다름없습니다.

모세는 평범한 사람이었습니다. 그러나 하나님은 모세에게 가장 중요한 것이 무엇인지 가르쳐 주셨습니다. 바로 '하나님'입니다. 하나님은 "내가 반드시 너와 함께 있으리라"(출 3:12)라고 말씀하셨습니다. 이것이 바로 우리가 성경을 통해 알 수 있는 것입니다. 하나님의 지도자에게 필요한 것은 '하나님과의 동행'입니다. 하나님을 섬기는 데 있어 타협의 여지란 없습니다. 요셉, 모세, 여호수아, 기드온, 여호사밧 그리고 예수님의 제자들이 그랬습니다(마 28:18~20 참조). 하나님은 그들 모두와 함께하셨습니다.

하나님은 동행하실 것과 구원하실 것을 약속해 주셨습니다. 하나님은 장로들에게 전할 말을 모세에게 알려 주셨습니다. 장차 일어날 일에 대한 하나님의 주권적인 예언을 살펴봅시다.

16너는 가서 이스라엘의 장로들을 모으고 그들에게 이르기를 여호와 너희 조상의 하나님 곧 아브라함과 이삭과 야곱의 하나님이 내게 나타나 이르시되 내가 너희를 돌보아 너희가 애굽에서 당한 일을 확실히 보았노라 17내가 말하였거니와 내가 너희를 애굽의 고난 중에서 인도하여 내어 젖과 꿀이 흐르는 땅 곧 가나안 족속, 헷 족속, 아모리 족속, 브리스 족속, 히위 족속, 여부스 족속의 땅으로 올라가게 하리라 하셨다 하면(출 3:16~17).

하나님은 자기 백성의 부르짖음을 들으셨고, 곧 구원하겠다고 약속하셨습니다. 그 어떤 것도, 그 누구도 하나님의 계획 성취를 막을 수 없습니다.

알짬 교리 **99**

죄의 노예

에덴동산에서 아담과 하와가 타락함으로써 모든 인류는 죄의 본성을 물려받아 죄와 반역으로 기울게 되었습니다. 인간은 죄의 노예가 되어(롬 6:17), 하나님의 계명을 항상 위반하는 존재가 되었습니다. 그리스도께서 이루신 일을 통해 구원을 체험한 후에라야 성령의 능력을 통해 죄의 속박을 이겨 낼 수 있습니다(롬 8:2).

그리스도와의 연결

이야기의 처음에 모세가 장인의 양 떼를 몰았다는 내용이 나옵니다. 그가 목자였다는 사실은 매우 의미심장합니다. 이집트 사람들은 목자를 대단찮게 생각했지만(창 46:34 참조), 중요한 모범이 되어야 하는 목양의 역할이 성경 곳곳에서 드러납니다.

모세가 미디안 광야에서 목자로 40년을 보냈고, 목자 다윗이 양을 지키다가 왕이 되었는데, 이를 통해 하나님이 목자를 즐겨 사용하셨다는 것을 알 수 있습니다. 심지어 그분 자신에 대해서도 목자에 비유하셨습니다(시 23:1). 마침내 구원은 양들을 위해 목숨을 버리는 선한 목자이신 예수님을 통해 이루어집니다(요 10:11).

우리가 이미 알고 있는 대로, 하나님의 계획이 펼쳐졌습니다. 하나님은 머뭇거리는 목자-중재자 모세에게 구원의 약속을 주시면서 그분의 백성에게 응답하셨습니다. 여기서 우리는 예수님, 즉 우리에게 하나님의 선함과 의로움을 온전히 드러내시는, '스스로 있는' 위대한 분을 성경을 통해 고대하게 됩니다. 예수님은 양들을 위해 자기 목숨을 내어 주는 선한 목자처럼 우리를 '노예'에서 '자유인'으로, '어둠의 왕국'에서 '빛의 나라'로 인도하셨습니다.

YOUR STORY

하나님이 들려주시는 이야기는 오늘을 사는 나와 늘 연결되어 있습니다. 아래 질문에 답하면서 성경 이야기가 내 이야기와 어떻게 연결되는지 생각해 봅시다.

▶ 내가 당하는 모든 억울한 일을 하나님이 지켜보신다는 사실이 위로가 되나요? 내가 혼자 있을 때 행했던 모든 불의를 하나님이 지켜보셨다는 사실을 알고 나서 어떤 마음이 들었나요?
이 질문의 목적은 죄악과 악행을 숨길 수 있어 보여도 하나님께는 그럴 수 없다는 사실을 생각하도록 돕는 것입니다.

▶ 하나님이 억눌린 자의 부르짖음을 들으시는 이유는 무엇일까요? 하나님이 우리를 통해 일하실 수 있도록 세상의 불의와 압제에 관심을 기울이며 살아가나요?
그리스도인이 문화·사회·인종 등 다양한 분야의 불의한 문제에 관심을 갖는 것이 중요함을 깨닫도록 도와야 합니다. 이런 논의와 관련이 있는 성경 말씀을 살펴보도록 이끌어 주세요.

▶ 하나님이 맡기신 일 같지만, 그것을 맡기에는 자신이 자격이나 능력이 없다고 생각하는 일이 있나요? 하나님의 약속은 그 일을 할 수 있도록 어떤 힘이 될까요?
누구나 모세처럼 자신은 자격이 없고 준비가 되어 있지 않다고 느낄 수 있습니다. 이런 감정에 어떻게 대응해야 하는지 점검해 볼 수 있도록 고린도전서 12장 8~11절에서 바울이 한 말을 들려주세요.

▶ 하나님의 말씀을 전하지 못하게 하는 두려움은 무엇인가요? 구원을 주시는 하나님에 대한 믿음이 그것을 극복하는 데 도움이 될까요?
학교에서 하나님을 전하거나 친구에게 복음을 나눌 때, 성경 속 하나님의 약속을 붙들고 이를 통해 의심과 불신의 두려움을 극복해야 합니다.

하나님의 이야기
하나님이 그분의 아들
예수 그리스도를 통해
우리를 구속해 주신 이야기

우리의 이야기
우리의 이야기가
하나님의 이야기와
만나는 곳

5~10분

YOUR MISSION

생 각
HEAD

성경에 따르면, 모세는 하나님을 만나자 '얼굴을 가렸습니다.' 왜 그랬을까요? 거룩하신 분 앞에 섰기 때문입니다. 우리는 모세가 느낀 두려움을 이해해야 합니다. 우리도 하나님 앞에 서면 경외감을 느끼게 될 테니까요. 그러나 믿는 자는 더 이상 두려움으로 숨을 필요가 없습니다. 그리스도의 사역 덕분에 우리는 하나님께 나아갈 수 있습니다.

- 하나님을 향한 경외심을 높이는 방법에는 무엇이 있을까요?
  이 질문에 관한 대답은 다양할 것입니다.

- 하나님을 '두려워하는 것'과 '경외하는 것'은 어떻게 다릅니까?
  전자가 공포를 느끼는 것이라면, 후자는 감격과 환희가 넘치는 두려움과 떨림입니다. 예수님의 사역 덕분에 하나님께 다가갈 수 있게 된 믿는 자들에게 경외감은 당연한 반응입니다.

마 음
HEART

믿는 자는 하나님의 눈으로 자신의 가능성을 봅니다. 하나님은 모세에게 그분의 능력에 의지하라고 말씀하셨습니다(출 4:11~12). 우리에게 눈과 입을 주신 하나님이 모세에게 파라오 앞에서 말할 능력을 주시지 않겠습니까?

- 모세가 하나님의 계획 앞에서 둘러댄 핑곗거리는 무엇이었나요? 모세처럼 내가 하나님의 계획 앞에서 둘러대는 핑곗거리가 있다면 무엇인가요?
  원치 않는 일에 대해 핑계를 만들어 내는 우리 의모습을 지적합니다. 하나님의 계획을 따르는 데 핵심은 주님이 우리를 부르실 때 이미 모든 것을 준비해 두셨음을 믿는 것입니다.

- 하나님의 부르심을 알아차릴 수 있는 방법은 무엇일까요? 하나님의 부르심 앞에서 기꺼이 그분의 능력에 의지할 수 있나요?
  이 질문에 관한 대답은 다양할 것입니다.

행 동
HANDS

하나님은 모세에게 이스라엘 백성을 예배자와 증인으로 세우기 위해 노예 신분으로부터 구원할 것이라고 말씀하셨습니다(출 3:1~10). 바울은 에베소 성도들에게 예수님을 믿는 자에게 일어나는 일이 바로 이런 것이라고 말했습니다(엡 2:1~10). 그의 말에 따르면, 그리스도인은 선한 일을 위해 진노에서 구원받은 것입니다.

- 선한 일을 하는 동기가 하나님의 은혜여야 하는 이유는 무엇일까요?
  인간의 노력만으로는 구원을 얻을 수 없습니다. 하나님의 은혜에 압도된 결과, 자연스럽게 전과 다른 삶을 살게 되는 것입니다.

- 하나님이 우리를 죄의 노예 신분에서 구원하여 그분의 은혜와 자비의 증인이 되게 하셨다는 진리를 주위 사람들에게 어떻게 전할 수 있을까요?
  이 질문에 관한 대답은 다양할 것입니다.

다음 모임까지
욥 33:1~40:5; 시 19편을 읽어 보세요.

02

은혜와 심판이 나란히!

요약

이 과에서는 모든 영광과 은혜의 하나님 안에서 앎과 쉼을 통해 평안을 찾는 법을 배우게 될 것입니다. 우리는 지존하신 하나님을 인정하고 그분의 구원 약속을 받아들일 때, 평안을 누릴 수 있습니다. 선과 정의를 해치는 모든 대적자에 맞서 승리하심으로써 영광을 드러내실 하나님을 믿어야 합니다.

성경

출애굽기 6장 2~9절; 7장 14~18절

HIS STORY

포 인 트

하나님은 자기 백성을 위로하시고 그분을 거스르는 자들을 대적하시면서 그분의 영광을 선포하신다.

등 장 인 물

삼위일체 하나님(성부, 성자, 성령)

모세(하나님의 백성을 약속의 땅으로 인도하도록 선택됨)

파라오(이집트의 통치자)

메시지 좌표

하나님은 아브라함과 이삭과 야곱에게 주신 약속을 잊지 않으셨습니다. 에덴동산에서 시작된 구원 계획을 계속 펼치시며, 언젠가 모든 것을 바로잡으실 것입니다. 하나님은 이스라엘을 선택해 모든 열방이 축복받을 수 있는 통로가 되게 하셨습니다. 그들을 통해 반드시 하나님의 영광을 높이실 것입니다.

하나님은 파라오와 이집트의 거짓 신에 대적하는 재앙을 보내시면서 하나님의 영광과 은혜를 나타내셨습니다. 이 모든 것을 통해 하나님께 대적할 자가 아무도 없음이 드러나게 됩니다. 하나님은 홀로 하나님이시며, 그분만이 모든 찬양과 영광을 받을 자격이 있으십니다.

도 입

학생들이 도착하면 이름표를 나눠 주세요. 그리고 각자 자신의 성격과 특징을 적게 하세요. 그런 다음 학생들이 자기를 소개하는 시간을 갖습니다.

▶ 이름만 아는 것과 그 사람의 성격이나 특징을 아는 것은 어떻게 다릅니까?

▶ 누군가와 사귈 때 그 사람의 성격이나 특징을 아는 것은 왜 중요할까요?

▶ 상대방의 특징을 미리 알면 관계를 맺기가 더 쉬울까요? 그렇다면 또는 그렇지 않다면 그 이유는 무엇입니까?

'야웨'라는 이름은 '존재하다'라는 의미의 히브리어 동사에서 파생되었는데, 이는 'YHWH' 네 개 자음과 '주님'이란 뜻의 '아도나이' 모음이 결합된 형태입니다. '여호와'도 같은 방식이며, '주님'도 같은 뜻입니다. 이 이름은 하나님의 유일무이하심과 언약에 충실하심을 나타냅니다. 또한 하나님이 단지 뛰어난 권세나 영향력이 아니라, 인격이심을 나타냅니다. 구약 성경에서 이 이름은 하나님이 구원하시는 분이며, 뛰어난 능력으로 모든 상황을 다스리시는 분임을 나타냅니다.

하나님의 백성에게 자비를!

지난 과에서는 하나님이 이스라엘 백성을 위해 모세와 아론을 하나님의 뜻을 전할 자로 세우시는 모습을 살펴봤습니다. 그들은 파라오 앞에 서야 했고, 하나님은 그분이 상황을 통제하고 계시다는 사실로 모세를 안심시켜 주셨습니다(출 6:1). 하나님은 몇 가지 약속을 주시면서 그를 위로하셨습니다.

2하나님이 모세에게 말씀하여 이르시되 나는 여호와이니라 3내가 아브라함과 이삭과 야곱에게 전능의 하나님으로 나타났으나 나의 이름을 여호와로는 그들에게 알리지 아니하였고 4가나안 땅 곧 그들이 거류하는 땅을 그들에게 주기로 그들과 언약하였더니 5이제 애굽 사람이 종으로 삼은 이스라엘 자손의 신음 소리를 내가 듣고 나의 언약을 기억하노라 6그러므로 이스라엘 자손에게 말하기를 나는 여호와라 내가 애굽 사람의 무거운 짐

도입 선택

'가라사대 게임'을 준비하세요. 그리고 시작하기 전에 '승자에게는 많은 상금을 주겠다'라고 약속하십시오. 첫 번째 승자가 나올 때까지 게임을 진행한 후, 그에게 보드게임용 가짜 돈을 상금으로 주십시오. 그리고 물어보십시오.

• *진짜 돈을 상금으로 줄 것으로 생각했나요? 막상 가짜 돈을 받으니 어떤 생각이 드나요?*

승자는 아니지만 게임에 잘 참여한 학생에게 진짜 돈을 상금으로 주십시오(적은 금액의 문화 상품권을 주어도 좋습니다).

• *누군가 당신에게 지킨 약속을 하나 떠올려 보세요. 그로 인해 그 사람과의 관계가 더욱 돈독해졌나요?*

하나님은 약속을 저버리시지 않는 분임을 지적해 주십시오. 성경에는 하나님이 지키지 않으신 약속이 단 한 개도 없습니다.

연 대 표

하나님의 영광이 드러나다
GOD'S GLORY IS REVEALED
하나님이 모든 열방 가운데 자기 영광을 나타내시다.

심판과 구원
JUDGE AND SAVIOR
하나님이 심판하시면서도 구원의 수단을 제공하시다.

홍해
THE RED SEA
하나님이 홍해를 가르시고 자기 백성을 인도하시다.

광야 생활
THE WILDERNESS
이스라엘이 믿음으로 하나님을 따라야만 하는 길을 떠나 약속의 땅으로 향하다.

금송아지
THE GOLDEN CALF
이스라엘이 하나님이 아닌 우상을 경배하다.

계명 (1부)
THE COMMANDMENTS (PART I)
하나님이 이스라엘에게 자신과 어떻게 관계를 맺어야 하는지 지침을 주시다.

밑에서 너희를 빼내며 그들의 노역에서 너희를 건지며 편 팔과 여러 큰 심판들로써 너희를 속량하여 7너희를 내 백성으로 삼고 나는 너희의 하나님이 되리니 나는 애굽 사람의 무거운 짐 밑에서 너희를 빼낸 너희의 하나님 여호와인 줄 너희가 알지라 8내가 아브라함과 이삭과 야곱에게 주기로 맹세한 땅으로 너희를 인도하고 그 땅을 너희에게 주어 기업을 삼게 하리라 나는 여호와라 하셨다 하라 9모세가 이와 같이 이스라엘 자손에게 전하나 그들이 마음의 상함과 가혹한 노역으로 말미암아 모세의 말을 듣지 아니하였더라 (출 6:2~9).

출애굽기 6장 2~8절에 나타난 하나님의 약속을 적어 보세요. 그중에서 이스라엘 백성에게 가장 중요한 약속은 무엇이었을까요?

하나님의 약속은 미래를 향해 큰 희망을 품게 해 주고, 어둠 속에서도 그분의 영광을 떠올리게 합니다. 여기서 우리는 하나님이 모세에게 엄청난 약속을 주셨음을 발견하게 됩니다.

'내가 하리라'라는 성명임을 고려하면서 네 가지 약속을 살펴봅시다. 내가 "너희를 빼내며"(출 6:6상), "너희를 속량하여"(출 6:6하), "너희를 내 백성으로 삼고 나는 너희의 하나님이 되리니"(출 6:7), "내가 아브라함과 이삭과 야곱에게 주기로 맹세한 땅으로 너희를 인도"(출 6:8)하리라. 이 네 가지 진술에서 모두 하나님의 구원 사역이 드러나고 있습니다.

해방

하나님은 "내가 애굽 사람의 무거운 짐 밑에서 너희를 빼내며 그들의 노역에서 너희를 건지며"(출 6:6)라고 말씀하셨습니다. 이는 구원을 묘사합니다. 하나님은 자기 백성을 노예 상태에서 건지실 것입니다. 그들을 구원하시고, 중재자 모세를 통해 속박에서 벗어나게 하실 것입니다. 이것은 믿음의 은혜로 이루어지는 것이지, 이스라엘이 제힘으로 얻는 것이 아닙니다. 하나님이 구원하시는 목적은 백성으로 하여금 전능하신 하나님을 예배하게 하는 데 있는데, 그들은 그렇게 했습니다 (출 15장).

구속

하나님은 "편 팔과 여러 큰 심판들로써 너희를 속량하여"(출 6:6)라고 말씀하셨습니다. 야곱의 축복 중에 언급된 창세기 48장 16절을 제외하고는, 여기서 '속량하다'란 단어가 처음 사용되었습니다. 후에 이 단어는 출애굽기 15장 13절("… 주께서 구속하신 백성을 …")에서도 사용되는데, 하나님이 구속해 주심을 백성이 찬양하는 장면입니다. 두 구절에서 쓰인 '속량하다'는 모두 히브리어로 '가알'입니다. '가알'을 하는 사람(여기서는 하나님입니다)을 '고엘'이라고 합니다. 하나님은 '고엘', 즉 '속량자'이십니다.

입양

하나님은 "너희를 내 백성으로 삼고 나는 너희의 하나님이 되리니 나는 애굽 사람의 무거운 짐 밑에서 너희를 빼낸 너희의 하나님 여호와인 줄 너희가 알지라"(출 6:7)라고 말씀하셨습니다. 이 구절은 구원의 가족성에 대해 많은 것을 보여 줍니다. 양자의 교리를 떠올리게 하지요. 하나님은 이스라엘을 자기 백성으로 삼으실 것입니다. 이미 그들을 "내 아들"(출 4:22)로 부르기도 하셨습니다. 이는 하나님의 비할 데 없는 사랑을 나타냅니다.

유산

하나님은 "내가 아브라함과 이삭과 야곱에게 주기로 맹세한 땅으로 너희를 인도하고 그 땅을 너희에게 주어 기업을 삼게 하리라"(출 6:8)라고 말씀하셨습니다. 하나님은 자기 백성에게 기업을 주겠다고 약속하셨습니다. 이 약속은 아브라함에게 처음 주어졌습니다(창 12:7 참조). 훗날 여호수아서에서 마침내 그들이 그 땅에 들어가 정착하는 것을 볼 수 있습니다. 그러나 당장은 아무것도 가진 것이 없습니다. 이집트의 노예일 뿐입니다. 하지만 하나님은 그들에게 기업, 곧 모든 은혜를 주실 것입니다.

하나님의 대적자에게는 심판을!

출애굽기 6장의 놀라운 약속에도 불구하고, 모세와 이스라엘 백성은 어떠했습니까? 그들은 하나님의 계획을 좀처럼 믿지 못했습니다(출 6:9~13, 26~30 참조). 출애굽기 6장 10~13절에서 하나님은 모세에게 말씀하셨습니다. 파라오에게 돌아가라고 말입니다. 그러자 모세는 불신과 절망을 드러냈습니다. 모세는 당황했습니다. 이스라엘 백성조차 믿기 힘든 말을 어떻게 파라오로 하여금 듣게 하신다는 것인지 이해할 수 없었던 것입니다. 하지만 파라오에게 다시 가서 임무를 수행하라고 하나님은 모세와 아론에게 분명히 명하셨습니다.

하나님은 자기 백성을 위로하실 뿐 아니라, 또 다른 방식으로 자기 영광을 드러내셨습니다. 거짓 신들에 대적하신 것입니다. 연이은 재앙을 통해 하나님의 심판이 이집트에 내려졌습니다. 누군가는 이 혹독한 재앙을 보고 이렇게 말할 수도 있습니다. "세상에, 너무해요! 하나님은 무법자이신가요? 왜 이집트 사람들을 괴롭히시는 거죠?" 또 누군가는 이렇게 말할지도 모릅니다. "너무 바보 같고 믿기지 않네요."

확실히 이상하고 가혹합니다. 하지만 눈에 보이는 것보다 더 중대한 일이 벌어지고 있음을 알아야 합니다. 하나님은 이집트 사람뿐만 아니라 이집트의 신도 심판하고 계십니다. 출애굽기 12장 12절에서 하나님은 마지막 재앙, 즉 장자의 죽음을 통해 '이집트의 모든 신을' 심판하겠다고 말씀하십니다. 이것은 민수기에서도 반복되는 내용입니다. "여호와께서 그들의 신들에게도 벌을 주셨더라"(민 33:4).

재앙은 이집트 신들이 보호해 준다고 여기던 삶의 전 영역에서 일어났습니다. 하나님은 이 거짓 신들을 심판하심으로써 자기 영광을 드러내 보이셨습니다. 하나님은 홀로 전지전능한 분입니다.

자세히 들여다볼수록 주님의 우월함이 드러나는 첫 이적이 나일 강에서 일어난 것이 적절했음을 알 수 있습니다.

14여호와께서 모세에게 이르시되 바로의 마음이 완강하여 백성 보내기를 거절하는도다

15아침에 너는 바로에게로 가라 보라 그가 물 있는 곳으로 나오리니 너는 나일 강 가에 서

서 그를 맞으며 그 뱀 되었던 지팡이를 손에 잡고 16그에게 이르기를 히브리 사람의 하나님 여호와께서 나를 왕에게 보내어 이르시되 내 백성을 보내라 그러면 그들이 광야에서 나를 섬길 것이니라 하였으나 이제까지 네가 듣지 아니하도다 17여호와가 이같이 이르노니 네가 이로 말미암아 나를 여호와인 줄 알리라 볼지어다 내가 내 손의 지팡이로 나일 강을 치면 그것이 피로 변하고 18나일 강의 고기가 죽고 그 물에서는 악취가 나리니 애굽 사람들이 그 강 물 마시기를 싫어하리라 하라 19여호와께서 또 모세에게 이르시되 아론에게 명령하기를 네 지팡이를 잡고 네 팔을 애굽의 물들과 강들과 운하와 못과 모든 호수 위에 내밀라 하라 그것들이 피가 되리니 애굽 온 땅과 나무 그릇과 돌 그릇 안에 모두 피가 있으리라 20모세와 아론이 여호와께서 명령하신 대로 행하여 바로와 그의 신하의 목전에서 지팡이를 들어 나일 강을 치니 그 물이 다 피로 변하고 21나일 강의 고기가 죽고 그 물에서는 악취가 나니 애굽 사람들이 나일 강 물을 마시지 못하며 애굽 온 땅에는 피가 있으나 22애굽 요술사들도 자기들의 요술로 그와 같이 행하므로 바로의 마음이 완악하여 그들의 말을 듣지 아니하니 여호와의 말씀과 같더라 23바로가 돌이켜 궁으로 들어가고 그 일에 관심을 가지지도 아니하였고 24애굽 사람들은 나일 강 물을 마실 수 없으므로 나일 강 가를 두루 파서 마실 물을 구하였더라 25여호와께서 나일 강을 치신 후 이레가 지나니라(출 7:14~25).

나일 강은 이집트의 생명줄입니다. 이집트는 나일 강 없이는 존재할 수 없다고 할 수 있을 정도입니다. 이 강은 이집트의 수송, 관수, 식수, 식량을 책임지며 연간 주요 행사의 무대가 됩니다. 이 강이 사라지는 참사는 마치 석유 공급이 전면 중단되고, 식수가 오염되고, 식품점에 식량이 동나는 상황과도 같습니다. 혼란 그 자체인 것입니다.

이집트 사람들이 나일 강을 그들의 창조주이자 공급자로 숭배하는 것은 놀랄 일이 아닙니다. 적어도 세 가지 신이 나일 강과 관련되어 있습니다. 그러나 하나님은 웅장한 나일 강을 피로 변하게 하심으로써 그 신들을 완전히 무너뜨리십니다(시 78:44; 105:29; 계 16:3~7 참조).

이집트의 요술사들도 이적을 그대로 따라 했습니다. 하지만 이집트 사람들이 마실 물을 구하기 위해 두루 땅을 판 것으로 보아, 그들이 이적을 따라 하긴 해도 강물을 깨끗하게 할 수는 없었다는 것을 알 수 있습니다. 그러나 파라오는 "그 일에 관심을 가지지도 아니하였"습니다(출 7:23).

이어지는 재앙들을 살펴보면 되풀이되는 요소가 눈에 띌 것입니다. 우리는 여기서 한 가지 중심 주제를 발견할 수 있습니다. "내가 여호와인 줄을 알리라"입니다 (출 7:17; 8:10, 22; 9:14, 16, 29; 10:2 참조). 주님만이 하나님이신 줄 모두가 알게 될 것입니다. 우리는 재앙의 세세한 내용 가운데서도 이 중심 주제를 놓쳐서는 안 됩니다. 하나님은 모두가 주님을 알고 경배하기를 열망하십니다.

알짬 교리 **99**

기적

'기적'이란 하나님이 영광을 드러내시거나 말씀을 확증해 주시기 위해 만물의 자연 질서에 예외를 허락하시거나 자연법칙을 바꾸시는 사건을 말합니다. 성경 전반에 걸쳐 기적들이 기록되어 있습니다. 선지자나 사도가 하나님의 말씀을 백성에게 전할 때, 종종 표적과 기사가 나났습니다. 하나님은 전능하시며 세상일에 친히 관여하신다고 믿기에, 우리는 하나님이 기적을 행하실 수 있을 뿐 아니라 또한 행하신다고 믿습니다.

그리스도와의 연결

우리는 이 이야기의 진리를 신약에서도 배울 수 있습니다. 예를 들어 바울은 예수님이 "이 악한 세대에서 우리를 건지시려고 우리 죄를 대속하기 위하여 자기 몸을" 주셨다고 (갈 1:4) 했습니다. 하나님은 영적으로 우리가 노예 상태와 무능력에서 벗어나 중보자 예수 그리스도를 통해 율법을 지킬 수 있게 하셨습니다. 이는 오직 믿음을 통한 은혜로만 일어납니다. 우리 힘으로 얻을 수 있는 것이 아닙니다. 이스라엘 백성과 마찬가지로 우리를 구원하신 목적은 '예배'입니다.

바울은 하나님이 이스라엘을 택하신 것을 보고 "그들에게는 양자 됨과 영광과 언약들과 율법을 세우신 것과 예배와 약속들이"(롬 9:4) 있다고 말했습니다. 하나님은 속량으로 우리를 끔찍한 상황에서 건져 내 주시는데, 이게 다가 아닙니다. 우리를 양자로 삼아 하나님의 가정에 속하게 하십니다. 이것은 엄청난 특권입니다 (요일 3:1 참조).

신약성경은 약속의 땅을 기업으로 받는다는 개념을 새 하늘과 새 땅을 향한 소망과 연결합니다. 예수님의 부활로 말미암아 우리는 "썩지 않고 더럽지 않고 쇠하지 아니하는 유업을 잇게 하시나니 곧 너희를 위하여 하늘에 간직하신 것"(벧전 1:4)을 받게 되었습니다. 베드로는 이 유업이 "썩지 않고 더럽지 않고 쇠하지 아니하는" 것인 만큼 매우 좋은 것이며, "너희를 위하여 하늘에 간직하신" 것으로 확실히 보장되어 있다고 말했습니다. 예수님도 마음이 온유한 자가 땅을 기업으로 받을 것이라고 말씀하셨습니다(마 5:5).

이런 이유로, 우리는 힘든 시기를 지날 때도 순종하면서 살아갈 수 있습니다. 우리는 이 땅의 모든 사람에게 유일하신 참 하나님을 알림으로써 하나님의 약속 안에서 쉼을 얻을 수 있습니다. 또한 하나님의 주권을 신뢰할 수 있습니다.

YOUR STORY

하나님이 들려주시는 이야기는 오늘을 사는 나와 늘 연결되어 있습니다. 아래 질문에 답하면서 성경 이야기가 내 이야기와 어떻게 연결되는지 생각해 봅시다.

▶ **왜 눈으로 볼 수 있는 것들(돈, 집, 사람 등)을 신뢰하기가 더 쉬울까요? 눈에 보이지 않는 분을 신뢰하는 것이 어려운 이유는 무엇일까요?**

히브리서 저자는 모세에 대해 이렇게 말했습니다. "믿음으로 애굽을 떠나 왕의 노함을 무서워하지 아니하고 곧 보이지 아니하는 자를 보는 것같이 하여 참았으며"(히 11:27). 우리도 이와 같이 보이지 않는 분을 신뢰할 수 있어야 합니다.

▶ **자신이 어려움을 겪을 때 하나님이 도움을 주지 않으셨다고 생각해 낙담한 적이 있나요? 그때 하나님에 관한 어떤 진실이 도움이 되었나요?**

이 질문에 관한 대답은 다양할 것입니다.

▶ **하나님의 구원이 우리를 진정한 예배의 자리로 이끌 수 있는 이유는 무엇일까요?**

구원과 속량은 우리가 선한 행실을 해서 얻거나 저절로 주어지는 것이 아니라, 그리스도의 희생으로 인하여 우리에게 주어집니다. 이것을 알고 감사하는 자가 보일 수 있는 자연스러운 반응이 진정한 예배이기 때문입니다.

▶ **우리 사회가 안도감을 얻기 위해 찾는 거짓 신들에는 무엇이 있나요?**

예를 들면 평판, 학력, 업적, 보험, 보안 시스템 등입니다. 물론 이것들은 그 자체로는 나쁜 것이 아닙니다. 그러나 우리 마음속 보좌에 앉으면 거짓 신이 됩니다.

하나님의 이야기
하나님이 그분의 아들
예수 그리스도를 통해
우리를 구속해 주신 이야기

우리의 이야기
우리의 이야기가
하나님의 이야기와
만나는 곳

YOUR MISSION

생 각
HEAD

하나님은 파라오를 당장 멸하실 수도 있었지만, 그렇게 하지 않으셨습니다. 하나님이 가시는 길은 우리가 생각하는 길과 다릅니다. 우리가 볼 때는 말도 안 되는 일이 절묘한 시간에 일어나서 결국 하나님의 영광을 천하에 드러냅니다. 이것이 의미하는 것은, 이해하기 어렵고 때로는 실망스러워도 하나님의 방법은 공의롭고 선하니 결국 우리에게 유익이 된다는 것입니다.

- 하나님의 방법에 실망하고 그분의 선하심을 의심했던 적이 있었나요?
  이 질문에 관한 대답은 다양할 것입니다.
- 이 과를 공부하고 나서 그렇게 실망스러웠던 순간들을 바라보는 관점이 달라졌나요?
  이 질문에 관한 대답은 다양할 것입니다.

마 음
HEART

출애굽기 7장에 보면 파라오의 마음이 완악해졌다는 표현이 나옵니다(14절 '완강', 22절 '완악'). 결과적으로 그것 때문에 파라오는 여호와의 말씀을 듣지 못했습니다. 재앙들을 보고 이스라엘 백성을 보내 줄 마음을 먹는 대신, 계속해서 여호와의 말씀에 저항하니 더 완악해질 수밖에 없었습니다. 하나님은 파라오를 그냥 내버려 두셨습니다. 그리고 이것이 결국 그에게 죽음을 가져왔습니다.

- 죄는 어떻게 해서 우리 마음을 하나님과 그분의 말씀으로부터 돌아서게 할까요?
  하나님께 불순종하는 것이 순종하는 것보다 더 유익하고 즐겁다고 생각하게 만들어서 결국 말씀으로부터 멀어져 불신에 이르게 합니다.
- 죄에 속아 마음이 완악해지지 않으려면 어떻게 해야 할까요?
  예를 들어, 시편 119편 11절("내가 주께 범죄하지 아니하려 하여 주의 말씀을 내 마음에 두었나이다")을 실천해 하나님의 말씀을 마음에 둠으로써 주님께 죄를 범하지 않으려 애쓰는 것입니다.

행 동
HANDS

하나님은 모세와 아론처럼 우리가 죄와 고통에 얽매인 사람들을 위해 세상 권세와 맞서 싸우게 하십니다. 이 권세는 궁극적으로 아무것도 주지 못하는 죄악 가득한 쾌락에서 행복을 찾게 하는 것으로, 거절당할 것과 실패할 것에 대한 두려움에서 비롯된 것입니다.

- 하나님이 모세에게 그러셨던 것처럼 내가 할 수 없는 것을 하라고 명하신다고 느낀 적이 있나요?
  이 질문에 관한 대답은 다양할 것입니다.
- 하나님의 약속과 주권에 대한 신뢰가 하나님께 순종하는 데 어떤 도움이 됩니까?
  하나님이 신실하신 분임을 믿는다면, 우리도 신실하게 사명을 이행할 수 있습니다.

다음 모임까지
욥 40:6~42:17; 시 29편; 출 1~4장을 읽어 보세요.

03

유월절,
흠 없는 어린양

요약

유월절 이야기는 하나님의 심판과 구원을 보여 줍니다. 하나님이 이집트에 경고하신 후 재앙을 쏟아부으신 데서 심판의 엄중함을 볼 수 있습니다. 또한 이스라엘 백성을 하나님의 진노로부터 보호하시고, 그들이 압제에서 벗어나 전심으로 하나님께 경배할 수 있도록 대속 제물을 주신 데서 하나님의 은혜를 볼 수 있습니다. 하나님이 심판하실 때 자기 백성을 '넘어가신' 일로 말미암아 우리는 하나님의 구원을 기뻐할 수 있게 되었습니다.

성 경

출애굽기 11장 4~8절; 12장 1~13, 29~32절

HIS STORY

| 포 인 트 | 하나님은 의로운 심판 중에도 완전한 대속 제물을 통해 구원을 주신다. |

등 장 인 물

삼위일체 하나님(성부, 성자, 성령)

모세(하나님의 백성을 약속의 땅으로 인도하도록 선택됨)

파라오(이집트의 통치자)

메시지 좌표

파라오는 아홉 번의 재앙을 겪었지만, 여전히 이스라엘 백성 보내기를 거절합니다. 이로 인해 파라오는 가장 귀한 것을 잃는 대가를 치릅니다.

이번 과에서 살펴볼 열 번째이자 마지막 재앙은 유월절 전통이 생겨나게 한 사건이기도 합니다. 유월절 이야기는 하나님의 심판과 구원을 드러내는데, 하나님이 이집트에 경고 후 재앙을 쏟아부으신 데서 심판의 엄중함을 볼 수 있습니다. 또한 자기 백성들이 전심으로 하나님께 경배할 수 있도록 대속 제물을 주신 데서 은혜를 볼 수 있습니다. 하나님이 심판하실 때 자기 백성을 '넘어가셨기에' 우리에게 구원은 기쁨입니다.

도 입

5~10분

지난 과에서 배운 내용을 간략히 요약하면서 학생들의 기억을 상기시켜 봅시다. 모세는 이스라엘 백성을 보내라고 파라오에게 요구했지만 거절당했습니다. 노예들이 떠나 버리면 그 모든 일을 누가 하겠느냐는 파라오의 완악한 마음으로 인해 하나님은 이집트에 재앙을 내리셨습니다. 아홉 번의 재앙이 전국을 강타했지만, 파라오는 마음을 돌이키지 않았습니다. 열 번째 재앙 후 모든 것이 바뀌었습니다. 학생들에게 어떤 재앙이 있었는지 이야기해 보게 하고, 한 학생이 칠판이나 큰 종이에 받아 적게 합니다. 그러고 나서 물어봅시다.

▶ 이집트 사람들이 마땅히 이런 일을 당해야 했다고 생각하나요?

▶ 심판자로서의 하나님을 생각할 때 두려운 마음이 드나요, 아니면 위로가 되나요? 그 이유는 무엇인가요?

유월절 어린양이신 예수님이 십자가에서 흘리신 피로 말미암아 그리스도인들은 두려워할 것이 전혀 없습니다. 문설주에 어린양의 피를 발라 자신의 믿음을 드러낸 집을 죽음의 사자가 넘어갔던 것처럼, 하나님은 예수님의 피를 통해 자기 자녀를 식별하십니다.

이게 마지막 경고야!

앞서 내려진 아홉 가지 재앙으로 이집트 사람들은 엄청난 혼란을 겪었습니다. 하나님은 자기와 자기 백성에게 대항하는 이집트에 호된 심판을 내려 영광을 선포하셨습니다. 마지막 남은 재앙은 이전 것들보다 훨씬 심각한 것입니다. 하나님은 심판이 다가오고 있음을 모세를 통해 경고하기로 하셨습니다.

4모세가 바로에게 이르되 여호와께서 이와 같이 말씀하시기를 밤중에 내가 애굽 가운데로 들어가리니 5애굽 땅에 있는 모든 처음 난 것은 왕위에 앉아 있는 바로의 장자로부터 맷돌 뒤에 있는 몸종의 장자와 모든 가축의 처음 난 것까지 죽으리니 6애굽 온 땅에 전무후무한 큰 부르짖음이 있으리라 7그러나 이스라엘 자손에게는 사람에게나 짐승에게나 개 한 마리도 그 혀를 움직이지 아니하리니 여호와께서 애굽 사람과 이스라엘 사이를 구별하는 줄을 너희가 알리라 하셨나니 8왕의 이 모든 신하가 내게 내려와 내게 절하며 이

연 대 표

심판과 구원
JUDGE AND SAVIOR
하나님이 심판하시면서도 구원의 수단을 제공하시다.

홍해
THE RED SEA
하나님이 홍해를 가르시고 자기 백성을 인도하시다.

광야 생활
THE WILDERNESS
이스라엘이 믿음으로 하나님을 따라야만 하는 길을 떠나 약속의 땅으로 향하다.

금송아지
THE GOLDEN CALF
이스라엘이 하나님이 아닌 우상을 경배하다.

계명 (1부)
THE COMMANDMENTS (PART I)
하나님이 이스라엘에게 자신과 어떻게 관계를 맺어야 하는지 지침을 주시다.

계명 (2부)
THE COMMANDMENTS (PART II)
하나님이 이스라엘에게 이웃과 어떻게 관계를 맺어야 하는지 지침을 주시다.

르기를 너와 너를 따르는 온 백성은 나가라 한 후에야 내가 나가리라 하고 심히 노하여 바로에게서 나오니라(출 11:4~8).

모세는 심판을 경고하면서 "우리가 가게 해 주세요" 하고 파라오에게 부탁하지 않았습니다. 파라오의 완악한 마음이 가져올 끔찍한 결과를 그는 알고 있었습니다. 재앙들은 무서운 결말을 향해 가고 있었습니다.

모세는 사람의 장자와 동물의 처음 난 것이 죽게 될 것이라고 했습니다(출 11:5). 전에 하나님은 이스라엘을 '내 장자'로 부르시며(출 4:22), 파라오가 자기 장자로 값을 치르게 될 것이라고 말씀하셨습니다(출 4:22~23). 마침내 완악한 이집트 통치자에게 심판의 때가 이르렀습니다. 심판은 매우 혹독할 것입니다.

어렸을 때(혹은 요즘도) 부모님이 말썽부리지 말라고 쓰시던 경고 방법은 (예: 정색하며 셋까지 세거나 자녀의 이름 석 자를 또박또박 부르기) 어떤 것이었나요? 부모님이 그렇게 하실 때 기분이 어땠나요?

지금 우리가 하나님의 말씀에 귀 기울이지 않고 불순종하면 어떤 경고를 받게 될까요? 우리가 주의를 기울이도록 하기 위해 하나님은 어떤 방법을 쓰실까요?

다시 출애굽기 11장 8절을 보십시오. 모세는 파라오의 신하들이 그에게 절하며 "제발 떠나 달라"고 사정하게 될 것이라고 말했습니다. 파라오의 측근들이 모세 앞에서, 궁극적으로는 모세의 하나님 앞에서 완전히 굴욕을 당하는 하나님의 심판을 받게 될 것입니다. 그들은 파라오 대신에 모세에게 절할 것입니다.

알짬 교리 **99**

죄와 죽음

죄의 궁극적 결과는 죽음, 즉 '육체의 죽음', '영적 죽음', 그리고 '영원한 죽음'입니다(롬 6:23). 에덴동산에서 하나님은 아담과 하와에게 선악을 알게 하는 나무의 열매를 먹으면 반드시 죽으리라고 분명하게 말씀하셨습니다(창 2:17). 에덴동산에서 일어난 타락의 결과로 주어진 죽음은 육체의 죽음뿐 아니라, 하나님과의 분리를 뜻하는 영적 죽음까지도 포함합니다. 따라서 그리스도의 구속의 은혜를 받지 못한 채 죽은 사람은 하나님과 분리된 영적으로 죽은 자로서 다시는 하나님 나라에 들어오지 못하고 영원한 형벌 가운데 놓이는 영원한 죽음을 당하게 됩니다.

어린양의 피를 보고 넘어가리라

나라마다 독립이나 여러 가지를 기념하기 위해 정해진 날짜에 행사를 엽니다. 이런 기념일은 과거에 어떤 일이 있었는지 기억하기 위함입니다.

출애굽기 12장에서 하나님은 엄청난 규모로 일을 벌이십니다. 하나님은 이스라엘의 달력 자체를 바꿔서 유월절이 들어 있는 달, 즉 아빕월을 이스라엘의 첫 달로 하도록 명령하십니다(출 12:1~2). 그것이 새로운 시작의 징표가 될 것이라고 말씀하십니다. 신학에 근거한 역법(曆法)을 제정하신 것입니다. 새해가 시작될 때마다 그들은 하나님의 위대한 구원 사건을 기억해야 합니다. 그들의 삶의 중심에 하나님을 두기 위해서입니다.

> 5너희 어린양은 흠 없고 일 년 된 수컷으로 하되 양이나 염소 중에서 취하고 6이달 열나흗날까지 간직하였다가 해 질 때에 이스라엘 회중이 그 양을 잡고 7그 피를 양을 먹을 집 좌우 문설주와 인방에 바르고 … 12내가 그 밤에 애굽 땅에 두루 다니며 사람이나 짐승을 막론하고 애굽 땅에 있는 모든 처음 난 것을 다 치고 애굽의 모든 신을 내가 심판하리라 나는 여호와라 13내가 애굽 땅을 칠 때에 그 피가 너희가 사는 집에 있어서 너희를 위하여 표적이 될지라 내가 피를 볼 때에 너희를 넘어가리니 재앙이 너희에게 내려 멸하지 아니하리라(출 12:5~7, 12~13).

이스라엘 백성은 이달 열흘에 각 가족이 그 수대로, 즉 고기를 먹는 사람의 숫자만큼 양을 잡아야 합니다. 어린양은 인간을 대신하는 희생 제물이었습니다. 단, 흠 없고 일 년 된 수컷만 허용되었습니다. 신명기 17장 1절에서 하나님은 흠 있는 동물로 희생 제물을 삼는 것은 가증한 것이라고 말씀하셨습니다. 이스라엘은 완전한 대속물, 완전한 희생 제물이 필요했습니다.

출애굽기 12장 6~7절은 흠 없는 어린양에게 무슨 일이 일어날지 보여 줍니다.

어린양은 해가 질 때 죽임을 당할 것입니다. 죽임당한 어린양은 모든 사람이 심판을 받아 마땅한 존재임을 생생히 보여 줍니다(롬 3:23 참조). 구원이 필요한 죄인들을 대신해 흠 없는 생명이 희생되어야만 합니다.

하나님은 열 번째 재앙을 통해 악을 악으로 돌리셨습니다. 이전에 파라오는 히브리인의 아들을 나일 강에 던지라는 불의한 심판을 내렸습니다. 이제 하나님이 그의 아들에게 의로운 심판을 내리십니다. 파라오의 심판은 자신에게로 돌아왔습니다. 나아가 하나님은 파라오의 아들을 비롯한 이집트의 '신들'을 치심으로써 파라오도, 그의 아들도 신이 아님을 나타내셨습니다. 참된 하나님은 오직 하나님 한 분 뿐이십니다.

어린양의 피가 문설주에 발릴 것입니다(출 12:7). 문설주에 피를 바르는 것은 하나님이 약속을 지켜 심판을 피하게 해 주실 것을 믿는다는 뜻입니다. 이스라엘은 희생 제물을 통해 심판을 피할 수 있었습니다. 대속하심을 믿으면 구원을 얻습니다.

문설주의 피는 그 집에 이미 심판이 내려졌다는 징표입니다. 앞서 이집트에 임한 재앙이 하나님의 의와 심판의 징표였던 것처럼, 이제 유월절은 이스라엘에 대한 하나님의 자비의 징표가 되었습니다.

이를 통해 우리는 하나님이 창세기 3장 15절의 약속과 아브라함과의 언약을 지키고 계심을 알 수 있습니다. 심판의 기운이 맴도는 가운데서도 하나님은 미래의 구원을 위해 이스라엘을 노예 상태와 죽음으로부터 지켜 주셨습니다(출 12:13). 희생 제물의 피를 받으심으로써 그들의 죄를 넘어가신 것입니다.

29밤중에 여호와께서 애굽 땅에서 모든 처음 난 것 곧 왕위에 앉은 바로의 장자로부터 옥에 갇힌 사람의 장자까지와 가축의 처음 난 것을 다 치시매 30그 밤에 바로와 그 모든 신하와 모든 애굽 사람이 일어나고 애굽에 큰 부르짖음이 있었으니 이는 그 나라에 죽임을 당하지 아니한 집이 하나도 없었음이었더라 31밤에 바로가 모세와 아론을 불러서 이르되 너희와 이스라엘 자손은 일어나 내 백성 가운데에서 떠나 너희의 말대로 가서 여호와를 섬기며 32너희가 말한 대로 너희 양과 너희 소도 몰아가고 나를 위하여 축복하라 하며 (출 12:29~32).

이 단락에서 하나님의 구속적 능력이 대반전으로 펼쳐집니다. 하나님은 이집트의 처음 난 것들을 치기 시작하셨습니다. 부자나 가난한 자나, 왕이나 노예나 차별 없이 이집트의 온 땅을 심판하셨습니다. 부르짖음이 모든 백성에게 퍼져 갔습니다. 세상에서 가장 강력한 나라가 너무나 손쉽게 파괴되었습니다.

이전에 하나님이 모세에게 하신 말씀이 있었습니다. "너는 바로에게 이르기를 여호와의 말씀에 이스라엘은 내 아들 내 장자라 내가 네게 이르기를 내 아들을 보내 주어 나를 섬기게 하라 하여도 네가 보내 주기를 거절하니 내가 네 아들 네 장자를 죽이리라 하셨다 하라"(출 4:22~23). 우리는 하나님이 자기 말씀을 지키신 것을 볼 수 있습니다.

그리스도와의 연결

온전한 제물의 필요성은 우리 자신의 상태를 돌아보게 합니다. 죄로 부패한 우리는 자신을 스스로 구원할 수 없습니다. 우리는 흠 있는 어린양과 같아서 거룩하신 하나님 앞에서는 가치가 없습니다. 우리를 위해 대속 제물이 되어 주실 분이 필요합니다. 예수님은 하나님의 가족을 위해 바쳐지는 어린양이십니다. 오직 그분을 믿는 믿음을 통해서만 우리 죄가 해결됩니다. 주님만이 우리의 소망입니다.

바울은 "우리의 유월절 양 곧 그리스도께서 희생되셨느니라"(고전 5:7)라고 했습니다. 거듭난 사람은 그리스도의 보혈로 덮인 셈입니다. 하나님은 이 보혈을 보시고 죄를 넘어가십니다. 죄를 사하시고 그리스도의 의로 의롭다 해 주십니다.

유월절 이야기에서 우리는 무엇을 깨달아야 할까요?

첫째, 참된 자유는 세상 죄를 지고 가는 하나님의 어린양 예수 그리스도에게서 비롯됨을 기억해야 합니다(요 1:29). 예수님은 우리를 온전하게 하고 하나님의 심판에서 보호하는 어린양이십니다(요일 2:2; 4:10). 흠 없고 점 없는 어린양으로 창세전에 미리 알려지셨습니다(벧전 1:19~20). 또 뼈가 하나도 꺾이지 아니한 어린양이요(요 19:33~36), 유월절에 십자가에 달리신 궁극적인 어린양이십니다(마 26:26~32). 이 어린양은 우리 때문에 자기 피를 흘려야 했습니다(고후 5:21). 우리는 주님을 통해서만 구원이 있음을 믿어야 합니다.

둘째, 어린양을 경배해야 합니다. 믿음으로 그분께 나아가면 구원받은 자들의 찬양을 부를 수 있습니다(계 5:11~14). 우리의 구세주는 입술의 찬양은 물론, 순종하는 삶의 찬양까지 우리의 모든 찬양을 받아 마땅한 분입니다.

셋째, 우리는 하나님의 어린양을 세상에 전해야 합니다. 장차 임할 심판을 일깨우고, 우리의 죄를 대속하신 어린양 예수님을 통한 구원의 기쁜 소식을 모두에게 알려야 합니다. 세상의 많은 사람이 아직 이 기쁜 소식을 듣지 못하고 있습니다.

YOUR STORY

하나님이 들려주시는 이야기는 오늘을 사는 나와 늘 연결되어 있습니다. 아래 질문에 답하면서 성경 이야기가 내 이야기와 어떻게 연결되는지 생각해 봅시다.

▶ **제물로 바쳐질 양은 흠이 없어야 한다는 것이 왜 중요할까요? '흠이 없다'는 것은 무슨 뜻일까요?**
흠이 없다는 것은 오점이 없다는 것으로, 그 어린양이 완전한 희생 제물임을 의미합니다.

▶ **문설주에 바른 피는 누가 봐도 알 수 있도록 게시한 공개 선언이었습니다. 이러한 공개 선언은 그리스도인으로서의 신앙생활에 어떤 영향을 미칠까요?**
문설주의 피는 하나님이 믿는 자들을 보호하신다는 내적인 믿음의 외적인 표현입니다. 또한 이는 그 집안 식구들이 하나님을 믿는다는 사실을 모두에게 드러내는 정체성의 표시이기도 합니다. 학생들에게 자신의 내적 믿음을 주위 사람들이 알 수 있도록 어떻게 드러내면 좋을지 생각해 보게 하세요.

▶ **유월절 희생 제물을 보면서 죄에 대해 무엇을 알게 되었나요?**
유월절 어린양의 피는 모든 사람에게 죄가 있음을 말해 줍니다. 죄 없는 사람은 아무도 없습니다. 따라서 모든 사람에게는 자신을 대신해 죽어야 하는 완전한 희생 제물, 즉 하나님의 은혜로운 선물이 필요합니다.

▶ **유월절 이야기가 하나님의 심판과 은혜에 대한 생각에 어떤 도전을 주나요?**
이 질문에 관한 대답은 다양할 것입니다.

하나님의 이야기
하나님이 그분의 아들 예수 그리스도를 통해 우리를 구속해 주신 이야기

우리의 이야기
우리의 이야기가 하나님의 이야기와 만나는 곳

5~10분

생 각
HEAD

이번 과의 이야기는 하나님의 엄중한 심판과 자비를 생각하게 합니다. 우리도 이 같은 심판을 받을 수 있습니다. 우리도 파라오와 다를 게 없으니까요. 자기는 심판받을 일이 없다고 생각하는 사람들이 있습니다. 그들은 파라오처럼 돈과 명성을 좇으며, 하나님께 경배하지 않는 인생을 살아도 된다고 생각합니다. 하지만 슬프게도 자비의 하나님께 돌이키지 않으면, 그들의 끝은 파라오와 같을 것입니다.

- 왜 하나님은 곧바로 심판하지 않고 파라오에게 다가올 재앙을 미리 알려 주셨을까요? 하나님은 인류에게 다가올 심판에 대해 어떤 경고를 주셨나요?

  이 질문에 관한 대답은 다양할 것입니다.

- 하나님의 엄중한 심판과 풍성한 자비를 본 사람은 어떻게 살아갈까요? 우리는 어떻게 살아가고 있나요?

  우리가 섬기는 하나님은 거룩하심 때문에 죄를 심판하는 분이기도 하지만, 회개하고 그분께 돌이키는 자들에게는 자비를 베푸는 분이기도 합니다. 또한 하나님은 우리가 그분 안에서 받아 마땅한 진노를 자기 아들의 죽음을 통해서 제하십니다.

마 음
HEART

출애굽기 12장 27~28절에 나타난 이스라엘 백성의 반응은 유월절의 가르침, 즉 경배와 순종이었습니다. 그들은 머리 숙여 경배했고, 여호와께서 모세와 아론에게 명령하신 그대로 행했습니다. '경배와 순종'이라는 주제가 출애굽기에서 내내 이어집니다. 그들은 하나님이 누구이시며 어떤 일을 하셨는지를 기억함으로써 그분께 경배와 순종을 바쳤습니다.

- 유월절 어린양 예수님을 찬양하는 것과 복음을 전하는 것은 어떤 관련이 있나요?

  이스라엘 백성이 경배와 순종으로 반응한 것처럼, 그리스도께서 죽음과 부활을 통해 죄인을 위해 행하신 일을 깨달은 우리도 다른 사람들에게 복음을 전하고 그분께 순종해야 합니다.

- 하나님의 선하심에 순종했던 경험을 나눠 보세요.

  이 질문에 관한 대답은 다양할 것입니다.

행 동
HANDS

하나님은 심판이 다가오는 것을 다른 사람들에게 경고하고, 유월절 어린양 예수님을 통해 구원받을 수 있다는 복음을 전하도록 우리를 부르셨습니다.

- 다가올 심판에 대해 말하는 것이 어렵게 느껴지나요?

  이 질문에 관한 대답은 다양할 것입니다.

- 예수님이 우리를 대신해 진노의 심판을 받으셨다는 사실을 안다면, 심판에 대해 말하는 것이 달라질 수 있을까요?

  이 질문에 관한 대답은 다양할 것입니다.

다음 모임까지
출 5~13장을
읽어 보세요.

04

진퇴양난에서 죽을까 살까

요약

출애굽기 13~14장에는 이스라엘 백성이 이집트를 떠나 홍해를 건널 때 무슨 일이 일어났는지 나타납니다. 또다시 하나님은 파라오의 군대로부터 자기 백성을 구원하심으로써 자기 영광과 존귀를 선포하십니다. 우리는 하나님의 자녀로서 하나님의 인도하심과 영광과 구원을 찬양해야 합니다.

성경

출애굽기 13장 17~22절; 14장 1~14, 21~31절

HIS STORY

포 인 트	하나님은 자기 백성을 보호하시고 그분을 대적하는 자를 심판하신다.

등 장 인 물

삼위일체 하나님(성부, 성자, 성령)

모세(하나님의 백성을 약속의 땅으로 인도하도록 선택됨)

파라오(이집트의 통치자)

메시지 좌표

이야기가 진행됨에 따라, 이집트를 떠난 하나님의 백성이 진퇴양난에 빠지는 것을 보게 됩니다. 이번 과에서는 이스라엘 백성이 이집트를 떠나 홍해를 건널 때 무슨 일이 일어났는지를 볼 것입니다. 하나님은 그들을 파라오의 군대로부터 구원해 주시며 다시금 존귀와 권세를 드러내십니다.

도 입

5~10분

사람들은 저마다 좋아하는 음악 장르가 다릅니다. 음악은 우리에게 인간 취향의 다양성을 보여 줍니다. 음악은 하나님의 말씀을 가르치는 놀라운 통로로 쓰일 수도 있습니다. 진리로 가득한 노래 한 곡은 언제나 가지고 다닐 수 있다는 점에서 '휴대용 신학'이라고 할 수 있습니다.

▶ 가장 좋아하는 앨범은 무엇인가요? 최고로 치는 노래는 무엇인가요? 어떤 장르의 음악을 좋아하나요?

출애굽기 15장에는 매우 오래된 찬양 한 편이 실려 있습니다. 분명 모세가 이집트를 탈출한 직후 이 노래를 기록했을 것입니다. 이 노래도 다른 노래들처럼 노랫말에 풍성한 의미가 담겨 있습니다. 이스라엘 백성은 하나님이 구원해 주신 진리가 담긴 이 노랫말을 휴대하고 언제든 하나님의 능력과 은혜를 회상할 수 있었습니다. 그들은 이렇게 찬양합니다. "여호와여 신 중에 주와 같은 자가 누구니이까 주와 같이 거룩함으로 영광스러우며 찬송할 만한 위엄이 있으며 기이한 일을 행하는 자가 누구니이까 주께서 오른손을 드신즉 땅이 그들을 삼켰나이다 주의 인자하심으로 주께서 구속하신 백성을 인도하시되 주의 힘으로 그들을 주의 거룩한 처소에 들어가게 하시나이다"(출 15:11~13).

▶ 어떻게 이런 노랫말 표현이 가능했을까요?
▶ 하나님의 사랑에 대해 이처럼 찬양한 적이 있나요?

엉뚱한 길 같아 보여도 안심하렴

지금까지는 하나님이 이집트의 노예였던 이스라엘 백성을 어떻게 구원하셨는지 살펴보았습니다. 이제부터는 하나님이 어떻게 이스라엘을 인도하시는지 살펴보겠습니다.

17바로가 백성을 보낸 후에 블레셋 사람의 땅의 길은 가까울지라도 하나님이 그들을 그 길로 인도하지 아니하셨으니 이는 하나님이 말씀하시기를 이 백성이 전쟁을 하게 되면

도입 선택

'값비싼 물건 찾기' 게임을 해 봅시다. 다양한 물건(혹은 인터넷에서 내려받은 물건의 사진)을 전시한 후, 물건 하나를 들고 학생들에게 이 물건의 값이 얼마쯤 나갈지 말하게 합니다. 그런 다음 진짜 가격을 말해 줍니다. 실제 가격에 가장 가까운 추측을 한 학생에게 점수를 줍니다. 각종 물건으로 게임을 계속해서 승자를 결정합니다. 게임을 마치고 이렇게 묻습니다.

• 이 물건에 이 값이 합당하다고 생각하나요? 그렇다거나 그렇지 않은 이유는 무엇인가요? 물건의 값은 어떻게 결정될까요?

물건의 값은 변하지만, 하나님의 가치는 결코 변함이 없다는 것을 알려 주세요. 칠판에 '예배'라고 쓰고 다음과 같이 묻습니다.

• 당신에게 예배는 무엇을 의미합니까?

• 하나님은 어떻게 당신의 예배를 가치 있게 만드십니까?

우리가 하나님의 가치를 지정해서 값이 결정되는 것이 아니라, 하나님은 하나님이시기 때문에 가치 있는 분이라는 사실을 나눕니다. 우리가 왜 하나님을 예배해야 하고, 하나님이 왜 우리 예배를 받으실 가치가 있는지에 초점을 맞춥니다.

연 대 표

홍해
THE RED SEA
하나님이 홍해를 가르시고 자기
백성을 인도하시다.

광야 생활
THE WILDERNESS
이스라엘이 믿음으로 하나님을
따라야만 하는 길을 떠나 약속
의 땅으로 향하다.

금송아지
THE GOLDEN CALF
이스라엘이 하나님이 아닌 우상
을 경배하다.

계명 (1부)
THE COMMANDMENTS (PART I)
하나님이 이스라엘에게 자신과
어떻게 관계를 맺어야 하는지
지침을 주시다.

계명 (2부)
THE COMMANDMENTS (PART II)
하나님이 이스라엘에게 이웃과
어떻게 관계를 맺어야 하는지
지침을 주시다.

성막
THE TABERNACLE
하나님이 백성 가운데 거하실
성막을 세우시다.

마음을 돌이켜 애굽으로 돌아갈까 하셨음이라 18그러므로 하나님이 홍해의 광야 길로 돌려 백성을 인도하시매 이스라엘 자손이 애굽 땅에서 대열을 지어 나올 때에 19모세가 요셉의 유골을 가졌으니 이는 요셉이 이스라엘 자손으로 단단히 맹세하게 하여 이르기를 하나님이 반드시 너희를 찾아오시리니 너희는 내 유골을 여기서 가지고 나가라 하였음이 더라 20그들이 숙곳을 떠나서 광야 끝 에담에 장막을 치니 21여호와께서 그들 앞에서 가시며 낮에는 구름기둥으로 그들의 길을 인도하시고 밤에는 불기둥을 그들에게 비추사 낮이나 밤이나 진행하게 하시니 22낮에는 구름기둥, 밤에는 불기둥이 백성 앞에서 떠나지 아니하니라(출 13:17~22).

이스라엘이 이집트를 탈출하면서 지름길인 바닷가 길로 탈출하지 않은 것에 주목하세요. 그 길로 가면 2주도 안 되어 목적지에 도착할 것입니다. 그만큼 빠른 길이지만, 최선의 길은 아니었어요. 곳곳에 적들이 포진해 있고, 이스라엘은 아직 싸울 준비가 되어 있지 않았기 때문입니다.

하나님은 말씀하셨습니다. "이 백성이 전쟁을 하게 되면 마음을 돌이켜 이집트로 돌아갈까"(출 13:17). 어려운 상황을 만나면 즉시 파라오에게 돌아가려고 할 것이기 때문입니다. 실제로 이스라엘은 가나안에 이르러 자신들의 적이 얼마나 거대한지를 보고 이렇게 말했습니다. "우리가 한 지휘관을 세우고 이집트로 돌아가자"(민 14:4).

하나님이 인도하시는 길을 가는 것은 결코 순탄치 않았습니다. 출발한 지 얼마 되지 않아 그들은 홍해와 파라오의 군대 사이에 끼어 옴짝달싹 못하게 됩니다. 하나님은 이때 이스라엘에게 여러 가지를 가르칠 계획이 있으셨습니다. 단순히 이스라엘을 여기서 저기로 이동시키는 것 이상의 목적을 가지고 계셨습니다.

신실하게 인도하시는 하나님은 이스라엘을 밤낮없이 아주 기이한 방식으로 이끌어 주셨습니다. 낮에는 구름기둥으로, 밤에는 불기둥으로 인도하신 것입니다(출 13:21). 그들은 다시 하나님을 바라봅니다.

갇힌 것 같아 보여도 걱정 마

이스라엘 백성의 여정은 다음 장면에서 흥미로운 전환을 맞습니다. 주님은 모세에게 최후의 결전이 곧 벌어질 것이라고 말씀하셨습니다.

> 1여호와께서 모세에게 말씀하여 이르시되 2이스라엘 자손에게 명령하여 돌이켜 바다와 믹돌 사이의 비하히롯 앞 곧 바알스본 맞은편 바닷가에 장막을 치게 하라 3바로가 이스라엘 자손에 대하여 말하기를 그들이 그 땅에서 멀리 떠나 광야에 갇힌 바 되었다 하리라 4내가 바로의 마음을 완악하게 한즉 바로가 그들의 뒤를 따르리니 내가 그와 그의 온 군대로 말미암아 영광을 얻어 애굽 사람들이 나를 여호와인 줄 알게 하리라 하시매 무리가 그대로 행하니라(출 14:1~4, 이 부분을 전부 읽으려면 14절까지 읽으세요).

하나님이 시키신 것만 아니라면, 이 전략은 말도 안 된다고 할 만합니다 (출 14:1~3). 하나님은 이집트로부터 벗어나 행진 중이던 이스라엘에게 다시 돌아가서 바다와 사막 가운데 장막을 치라고 명령하셨습니다. 만약 파라오가 추격해 온다면 꼼짝없이 갇혀 버릴 것입니다.

이야기가 계속됨에 따라, 우리는 파라오가 하나님의 백성을 얼마나 끈질기게 뒤쫓는지 보게 됩니다. 하나님이 말씀하신 그대로였습니다(출 14:5~9). 파라오는 자기가 좋은 전략을 펼치고 있다고 생각했겠지요. 하지만 실제로는 하나님의 계획대로 흘러가고 있었습니다. 이스라엘을 추격할 때, 아마 가장 좋은 전차를 동원했을 것입니다. 사용 가능한 군사력을 모두 활용했을 것입니다. 파라오는 이스라엘이 패배해 노예로 다시 전락할 것이라고 확신했을 것입니다. 하지만 그의 예상은 빗나갔습니다.

10절에 의하면, 이스라엘 백성은 이집트 사람들을 보고 두려워했습니다. 놀랄 일도 아니죠. 그들은 최정예 군사들이었으니까요. 이른바 '대량 살상 무기'도 가지고 있었습니다. 하지만 이스라엘 백성이 처한 진짜 문제가 뭔지 알아요? 그들을 그곳으로 인도하신 분이 하나님이라는 사실을 잊고 있었다는 것입니다. 그들은 하나님만 경외하고 하나님의 사랑을 신뢰하기만 하면 되는데 말이죠.

그런데 이스라엘은 불평하기 시작합니다. 모세가 겁에 질려 불평하는 백성에게 말합니다. "너희는 두려워하지 말고 가만히 서서 여호와께서 오늘 너희를 위하여 행하시는 구원을 보라 너희가 오늘 본 이집트 사람을 영원히 다시 보지 아니하리라 여호와께서 너희를 위하여 싸우시리니 너희는 가만히 있을지니라"(출 14:13~14). 이런 전략을 본 적 있나요? 가만히 서 있으라니요? 하나님이 대신 싸우신다니요? 그런데 이것은 대단히 뛰어난 전략입니다(대하 20:15~17 참조). 두려워하지 마십시오. 이 전투는 당신 일이 아닙니다. 가만히 서서 주님이 어떻게 구원하시는지 보십시오.

하나님이 승리를 주시기 때문에 하나님만 영광을 받으실 수 있습니다. 이것은 이스라엘의 승전고가 아니라, 하나님의 필적할 바 없는 비교 불가능한 영광을 나타내는 이야기입니다.

> 힘든 일을 만나 스트레스를 받고 징징거린 적이 있나요?

주변 환경(이스라엘 백성의 경우에는 바다나 군대 같은)에 더 주목하게 되면 언제나 걱정이 싹트게 마련입니다. 하지만 하나님과 그분의 위대한 능력에 주목한다면, 그때는 어떤 환경도 두렵지 않습니다. 언제나 하나님이 더 크시기 때문입니다.

너를 쫓던 자들을 물로 쓸어버릴 거야

성경에서 가장 중요하다고 할 만한 이야기가 출애굽기 14장 끝부분에 나옵니다. 바로 홍해를 건넌 사건입니다. 하나님은 기적을 통해 자기 백성을 이집트에서 건지셨고, 물로써 이집트 사람들을 심판하셨습니다.

21모세가 바다 위로 손을 내밀매 여호와께서 큰 동풍이 밤새도록 바닷물을 물러가게 하시니 물이 갈라져 바다가 마른 땅이 된지라 22이스라엘 자손이 바다 가운데를 육지로 걸어가고 물은 그들의 좌우에 벽이 되니 23애굽 사람들과 바로의 말들, 병거들과 그 마병들이 다 그들의 뒤를 추격하여 바다 가운데로 들어오는지라(출 14:21~23, 이 부분을 전부 읽으려면 31절까지 읽으세요).

모세는 하나님이 내리신 명령에 순종했습니다(출 14:21). 그런데 이 명령을 잘 생각해 보세요. 파라오의 군대가 바짝 뒤쫓고 백성이 원망하며 보채는데, 하나님은 "네가 지팡이를 든 손을 바다 위로 내밀면 내가 바다를 가르겠다"라고 하십니다. 이게 무슨 의미일까요? 다시 하나님의 영광이 드러날 때라는 뜻입니다. "내가 바로로 말미암아 영광을 얻으리라"(출 14:17). 엉뚱하게 들릴 수 있는 말씀이지만, 모세는 순종했습니다

이집트 군대가 이스라엘 백성을 추격해 올 때 '여호와께서 … 보시고' 처리하시며 만물 가운데 장엄한 높임을 받으셨습니다(출 14:24). 주님은 이집트 사람들을 충격에 빠뜨리시고, 그들의 정교한 병거 바퀴를 벗겨 달리기 어렵게 하셨습니다(출 14:24~25). 그들은 달아나야 했지만, 그럴 수가 없었습니다. 이스라엘 백성이 바다를 건너자 모세는 지팡이를 뻗어 물이 이집트 사람과 그들의 병거 위를 뒤덮게 만들었습니다(출 14:26). 이것은 한방의 소거였습니다. 동이 트자 이스라엘은 하나님의 승리를 볼 수 있었습니다. 물이 다시 흘러 드러난 땅을 덮고 이집트 사람들을 전부 삼켰기 때문입니다(출 14:27~28). 출애굽기 14장 29절은 이 사건을 한 줄로 요약해 줍니다. "그러나 이스라엘 자손은 바다 가운데를 육지로 행하였고 물이 좌우에 벽이 되었더라."

그리스도와의 연결

모세가 이스라엘 백성을 심판의 바닷물 건너편으로 이끌었듯이, 그리스도 안에 있는 사람들은 전능하신 부활을 통해 사망의 바닷물을 안전히 지나 반대편으로 갑니다. 이것은 사망에서 생명으로 옮겨졌다는 뜻의 '세례'를 의미합니다. 우리는 세례를 통해 '그리스도와 함께 죽었고 그와 함께 장사되었으며 그와 함께 살아날 것입니다'(롬 6:1~4 참조)라고 외치는 셈입니다.

이집트를 탈출한 이야기는 구원과 함께 그리스도인의 삶에서 어떤 일이 일어나는가를 우리에게 보여 줍니다.

1. 우리는 속박에서 구원받았습니다.

노예 생활에서 건짐을 받은 이스라엘 백성이 구원의 예시인 것처럼, 우리도 예수님을 통해 죄의 속박에서 풀려났습니다.

2. 우리는 은혜로 구원받았습니다.

출애굽기 14장 13~14절에서 모세는 이스라엘 백성에게 가만히 서서 "여호와께서 오늘 너희를 위하여 행하시는 구원을 보라"(출 14:13), "여호와께서 너희를 위하여 싸우시리니"(출 14:14)라고 말했습니다. 이보다 선명한 은혜의 원칙은 없습니다. 구원은 우리가 하는 일이 아니라, 하나님이 예수님 안에서 우리를 통해 하시는 일에 달려 있습니다(롬 4:3~8 참조).

3. 우리는 중재자를 통해 구원받았습니다.

이 사건에서 이스라엘 백성이 물에 빠지지 않은 이유는 그들에게 중재자가 있었기 때문입니다. 모세의 역할을 살펴보면, 한편으로는 이스라엘 백성 편에 있지만 다른 한편으로는 하나님 편에 있습니다. 그런데 그보다 더 위대한 중재자가 계십니다. 바로 예수 그리스도이십니다. 그분은 그 어떤 죄도 없으셨지만, 중재자로서 우리의 모든 죄를 대신해 하나님의 진노를 짊어지셨습니다. 게다가 이 중재자는 곧 하나님 자신입니다(요 1:1 참조). 예수님은 우리가 건너갈 수 있는 유일한 길입니다. 그분이 우리의 중재자이십니다.

알짬 교리99

하나님의 백성

성경은 하나님의 성전, 즉 교회를 '하나님의 백성'으로 묘사합니다(고후 6:16 참조). 유대인과 이방인으로 이루어진 교회를 하나님이 그리스도의 대속적인 죽음을 통해 세우셨습니다. '교회'라는 말은 두 가지 의미로 쓰입니다. 하나는 그리스도의 주 되심 아래 언약을 맺은 사람들로 구성된 개개 지역 교회를, 다른 하나는 모든 시대에 그리스도를 믿는 모든 사람으로 이루어진 우주적 교회를 가리킵니다. 하나님은 주의 백성인 교회를 보호하고 돌보시며, 교회는 하나님의 다스림 아래 살기를 추구합니다.

YOUR STORY

하나님이 들려주시는 이야기는 오늘을 사는 나와 늘 연결되어 있습니다. 아래 질문에 답하면서 성경 이야기가 내 이야기와 어떻게 연결되는지 생각해 봅시다.

▶ 왜 이따금 하나님이 인도하신다는 사실이 믿기지 않을까요? 하나님의 인도하심을 따라 믿음으로 걸을 때 배울 수 있는 것은 무엇인가요?

하나님을 의심했던 이스라엘 백성처럼 우리 역시 우리를 향한 하나님의 지혜와 선하심을 신뢰하지 못하도록 유혹을 받고 어려운 상황에 부딪힐 수 있다는 사실을 알려 주세요. 우리는 하나님처럼 큰 그림을 내다볼 수 없기 때문에 때로는 하나님의 인도하심이 말도 안 되는 것 같아 보일 수 있습니다. 그러나 우리는 하나님이 우리가 있어야 할 곳에 우리를 있게 하신다는 사실을 믿고 따라야 합니다.

▶ '성령이 나를 인도하셨구나!' 하고 느낀 적이 있나요? 하나님의 인도를 받았던 일을 돌아보는 것이 앞으로도 인도해 주실 것을 믿는 데 어떤 도움이 될까요?

이 질문에 관한 대답은 다양할 것입니다.

▶ 하나님의 뜻을 미처 알지 못했다 해도 말씀에 순종하면 하나님께 영광을 돌릴 수 있을까요?

혼돈의 와중에도 말씀에 순종하는 것은 우리가 다른 무엇이나 누구보다 하나님을 의지하고 신뢰함을 드러냅니다. 그렇게 함으로써 우리는 하나님이 의지할 만한 분임을 나타내고 그분께 영광을 드릴 수 있습니다.

▶ 이스라엘 백성의 불평을 보고 자신을 돌아보면 어떤 생각을 하게 되나요?

하나님이 행하신 이적들을 경험하고도 이스라엘 백성은 불평합니다. 그런데 이러한 모습이 우리 안에서도 발견됩니다. 이스라엘 백성처럼 우리도 우리 삶에서 하나님의 은혜와 선하심을 경험하고도 불평하고 징징댑니다.

하나님의 이야기
하나님이 그분의 아들
예수 그리스도를 통해
우리를 구속해 주신 이야기

우리의 이야기
우리의 이야기가
하나님의 이야기와
만나는 곳

YOUR MISSION

생 각
HEAD

출애굽기 14장 30~31절에는 심판과 구원의 현실이 명확히 드러납니다. 시신들이 해변으로 쓸려 온 모습을 상상해 보세요. 거룩하신 하나님 앞에 회개할 줄 모르던 사람들의 끔찍한 최후입니다. 믿음을 거절한 사람들은 엄중한 심판을 받지만, 믿음으로 구원받은 사람들은 행복해합니다. 그들은 믿음을 통한 은혜로 구원받은 것입니다

- 하나님이 해결해 주시기를 기다린 끝에 하나님의 능력을 발견한 적이 있었나요?
  이 질문에 관한 대답은 다양할 것입니다.

- 하나님의 구원이 우리의 연약함과 그분의 힘을 동시에 보여 준다는 사실이 왜 중요할까요?
  바울이 고린도후서 12장 9절에서 말한 것처럼, 하나님의 능력이 우리의 연약함을 온전하게 만들기 때문입니다.

마 음
HEART

출애굽기 15장에서 하나님의 백성이 노래합니다. 구원받은 백성은 찬양하는 백성이 될 수밖에 없습니다. 이스라엘 백성은 전심을 다해 구원을 찬양했습니다. 예수님을 통해 그보다 더 큰 구원을 받은 우리는 어떻게 해야 할까요? 사람은 귀하게 여기는 대상을 찬양하게 마련이죠. 지금, 구원의 하나님을 귀하게 여기고 있나요?

- 하나님의 은혜와 자비를 경험한 후 찬양한 적이 있나요?
  이 질문에 관한 대답은 다양할 것입니다.

- 죄의 유혹은 구원받은 자의 마음에도 영향을 미칠까요?
  죄는 우리 마음을 이끌어 우리가 마땅히 해야 하는 예수님 찬양을 가로막고, 대신 가치 없는 것들(다른 사람이나 소유물 등)을 찬양하도록 유혹합니다.

행 동
HANDS

우리를 구원하신 예수님을 귀중히 여기는 것은 필연적으로 다른 이들에 대한 사랑과 그들에게 구원의 예수님을 알리려는 열망으로 이어집니다. 예수님의 명령에 한층 더 순종하는 길은 다른 이들에게 예수님의 복음을 나눔으로써 그들도 예수님을 찬양하고 예수님께 영광을 돌리게 하는 것입니다.

- 하나님을 사랑하면 다른 사람들에게 하나님을 전하고 싶어집니다. 왜 그럴까요?
  그리스도를 지상에서 가장 존귀한 보물이라고 여기게 되면, 다른 이들도 그리스도 안에서 같은 즐거움을 경험하길 바라게 됩니다.

- 이스라엘이 이집트를 탈출한 이야기를 읽고 구별된 삶을 살아야겠다는 도전을 받았습니까?
  이 질문에 관한 대답은 다양할 것입니다.

다음 모임까지 출 14~21장을 읽어 보세요.

05

광야 훈련소로 집합!

요약

이번 과에서 우리는 바울의 충고대로, 광야에서 이스라엘이 어떻게 행했는지 보고 본보기로 삼아야 합니다. 우리도 이스라엘처럼 어린양의 보혈로 구원받은 나그네들로, 은혜를 통해 사망에서 생명으로 옮기어 지금은 약속의 땅을 향해 가고 있습니다. 광야를 걷는 믿음의 여정 속에서 하나님은 우리를 거룩하게 하시고, 그분을 믿고 사랑하고 따르는 법을 우리에게 가르치십니다.

성 경

출애굽기 17장 1~7절; 고린도전서 10장 1~6절

HIS STORY

포 인 트   하나님의 선하심은 자기 백성을 향한 끝없는 은혜를 통해 표현된다.

등 장 인 물   삼위일체 하나님(성부, 성자, 성령)
모세(하나님의 백성을 약속의 땅으로 인도하도록 선택됨)

메시지 좌표   하나님의 백성은 파라오와 그의 군대의 막강함과 압제가 무너지는 이적을 목격하며 이곳까지 왔습니다. 이제는 그 모든 것을 뒤로 두고, 조상들이 약속받은 땅을 소유하기까지 기다리며 머물러야 합니다. 아직은 기다리는 기간입니다. 하나님은 자기 백성에게 가르치시며 계속해서 그들을 그분의 부르심에 합당한 자들로 다듬어 가실 것입니다.

도 입

그리스도인이라면 누구나 다녀야 할 학교가 있습니다. 바로 '광야 학교'입니다. 이곳에서 하나님은 우리를 가르치고 훈육하며 성결하게 하십니다. 찰스 스펄전은 광야를 '하나님 나라 학생들을 위한 옥스퍼드 대학이자 케임브리지 대학'이라고 불렀습니다. 이것은 이집트를 탈출한 이스라엘 백성이 약속의 땅을 향해 가는 길에 광야에서 유숙한 것을 빗대어 표현한 것입니다.

출애굽기 17장은 이스라엘의 광야 경험을 다룹니다. 이 맥락을 이해하기 위해서는 광야 여정 중의 음식(출 16장), 물(출 15:22~27; 17:1~7)과 관련된 연이은 세 가지 이야기에 주목해야 합니다. 이스라엘은 주리고 목말랐습니다. 그래서 불평했습니다. 그들의 원망이 우리에게는 경고가 됩니다.

▶ 학교에 다니지 않고도 배울 수 있는 비정규 교육에는 어떤 것들이 있습니까? 어디에서도 배울 수 없는 교훈을 가르쳐 준 인생 경험이 있었나요?

▶ 최근에 어려운 일이나 고난을 통해 하나님이 가르쳐 주신 것은 무엇인가요?

마실 물이 없잖아

1이스라엘 자손의 온 회중이 여호와의 명령대로 신 광야에서 떠나 그 노정대로 행하여 르비딤에 장막을 쳤으나 백성이 마실 물이 없는지라 2백성이 모세와 다투어 이르되 우리에게 물을 주어 마시게 하라 모세가 그들에게 이르되 너희가 어찌하여 나와 다투느냐 너희가 어찌하여 여호와를 시험하느냐(출 17:1~2).

이스라엘 백성은 르비딤에 장막을 쳤습니다. 그런데 그곳에는 물이 없었습니다. 그들은 하나님을 신뢰하고 하나님께 간구하는 대신, 모세와 다투며 원망하기 시작했습니다(출 17:2~3). 모세는 이곳을 시험과 다툼을 의미하는 맛사와 므리바라고 불렀습니다(시 95편 참조). 그들은 하나님을 믿기는커녕 하나님을 시험했습니다.

도입 선택

나침반이나 나침반 앱의 바늘을 보여 줍니다. 바늘이 가리키는 곳은 가야 할 방향이 아니라, 언제나 진북이라는 점을 지적합니다. 나침반은 가야 할 곳에 이르기 위해 어떤 길을 택해야 할지 결정할 때 도움을 줍니다. 성령님도 이와 같습니다. 성령님은 말씀으로 진리를 깨우쳐 주심으로써 우리가 가야 할 길을 알게 해 줍니다.

• 어려운 상황에 부딪혔을 때, 어떤 길로 가야 할지 어떤 결정을 내려야 할지 모를 때, 먼저 불평부터 하는 편입니까, 아니면 하나님을 찾는 편입니까?

• 성령님이 인도해 주실 필요가 있다고 생각하는 삶의 영역에 대해 생각해 보세요. 이 영역에서 하나님에 관해 어떤 기대를 가질 수 있나요? 또 하나님은 당신에 관해 어떤 기대를 가지실까요?

메모지에 다음 세 가지를 적게 합니다. 첫째, 하나님이 도와주시기를 바라는 것. 둘째, 자주 직면하는 유혹. 셋째, 문제가 생겼을 때 하나님께 도움을 구하기 위해 해야 할 것.
사람들은 문제가 생기기 전에는 좀처럼 하나님의 도움을 구하지 않고, 다른 사람에게 불평하거나 투덜댄다는 점을 지적합니다. 그런데 하나님께 자신이 성장하도록 도와 달라고 기도한 사람은 문제가 생겼을 때 하나님이 원하시는 방향으로 자신을 인도하실 것을 믿으며 그 문제에 맞설 수 있습니다.

연 대 표

광야 생활
THE WILDERNESS
이스라엘이 믿음으로 하나님을 따라야만 하는 길을 떠나 약속의 땅으로 향하다.

금송아지
THE GOLDEN CALF
이스라엘이 하나님이 아닌 우상을 경배하다.

계명 (1부)
THE COMMANDMENTS (PART I)
하나님이 이스라엘에게 자신과 어떻게 관계를 맺어야 하는지 지침을 주시다.

계명 (2부)
THE COMMANDMENTS (PART II)
하나님이 이스라엘에게 이웃과 어떻게 관계를 맺어야 하는지 지침을 주시다.

성막
THE TABERNACLE
하나님이 백성 가운데 거하실 성막을 세우시다.

속죄 제사 (1부)
ATONEMENT SACRIFICES (PART I)
번제, 소제, 화목제

먼저 이스라엘 백성은 물을 요구했습니다. "우리에게 물을 주어 마시게 하라"(출 17:2). 성경은 그들의 태도에 주목합니다. 그들은 겸손히 청한 것이 아니라, 버릇없는 아이처럼 굴었습니다.

이스라엘은 하나님이 공급해 주심에도 불구하고 불평하면서 특권 의식을 드러냈습니다. 모세가 그들에게 물었습니다. "너희가 어찌하여 나와 다투느냐"(출 17:2).

슬프게도, 이스라엘 백성에게 이런 모습이 반복되었습니다. 이집트의 파라오 치하에서 원망하고 불평했는데(출 2:23), 홍해 앞에서도 원망했고(출 14:11~12), 마라에서도 불평했습니다(출 15:23~24). 지도자들에게도 불평불만을 늘어놓았습니다(출 16:2~3; 17:3~4; 민 11장 참조). 그들은 르비딤에서 하나님이 쓴 물을 단물로 바꿔 주시고, 하늘에서 빵을 내려 주셨는데도 여전히 불평했습니다.

하지만 하나님은 이스라엘 백성에게 자비를 보여 주셨습니다. 배은망덕한 그들에게 여전히 은혜를 베푸셨습니다.

하나님이 나를 버리신 거 아냐?

3거기서 백성이 목이 말라 물을 찾으매 그들이 모세에게 대하여 원망하여 이르되 당신이 어찌하여 우리를 애굽에서 인도해 내어서 우리와 우리 자녀와 우리 가축이 목말라 죽게 하느냐 4모세가 여호와께 부르짖어 이르되 내가 이 백성에게 어떻게 하리이까 그들이 조금 있으면 내게 돌을 던지겠나이다(출 17:3~4).

이어서 하나님의 선하심에 의구심을 품는 이스라엘의 모습이 등장합니다(출 17:3). 그들이 물었습니다. "왜 우리를 이집트에서 인도해서 우리와 우리 자녀와 우리 가축이 목말라 죽게 하느냐?" 이집트로부터 구원받은 것이 맞는지 의심하기 시작한 것입니다.

백성에 이어 모세가 주님께 부르짖었습니다. "내가 이 백성에게 어떻게 하리이까 그들이 조금 있으면 제게 돌을 던지겠나이다"(4절). 모세는 그들의 원망이 심각하다는 것을 감지한 것입니다.

하나님은 이스라엘을 버리려고 구원하신 것이 아닙니다. 하나님은 구원하시고, 공급하십니다. 믿는 자로서 우리는 하나님이 우리에게 더 큰 구원을 베푸신 것을 기억해야 합니다. 하나님은 우리의 가장 긴요한 문제에 해결책을 주셨습니다(그리스도의 죽음과 부활을 통해). 따라서 일상의 소소한 문제에 부딪혔다 해도 하나님의 선하심에 의문을 품거나 신실하심을 의심할 이유가 없습니다. 하나님은 선하십니다. 우리는 이것을 믿어야 합니다.

하나님의 선하심을 의심해 본 적이 있나요?

학생들에게 시편 73편을 읽게 한 후, 시편 기자가 여러 절에 걸쳐 탄식하고 있음을 언급합시다. 어떻게 악인이 잘 먹고 형통하게 사느냐는 것입니다. 하지만 그는 깊은 생각 끝에 이렇게 적고 있습니다. "내가 어쩌면 이를 알까 하여 생각한즉 그것이 내게 심한 고통이 되었더니 하나님의 성소에 들어갈 때에야 그들의 종말을 내가 깨달았나이다"(시 73:16~17).

영원의 관점으로 상황을 바라보자, 악인의 형통은 아주 잠시뿐임을 알게 된 것입니다. 끔찍한 종말이 그들에게 다가오고 있었습니다. 상황을 바로 보게 되자, 그의 통탄은 하나님의 신실하심과 임하심과 선하심을 찬양하는 쪽으로 나아갑니다. 그렇습니다. 시험이 다가오고 있습니다. 하지만 하나님의 선하심에 대해 의심할 필요가 없습니다. 오직 십자가만 바라보고 우리의 가장 큰 문제가 이미 해결되었음을 기억합시다. 하나님은 선하십니다.

누구나 원망하고 불평하곤 합니다. 그때 그 앞에 '하나님을, 하나님께'라는 말을 붙이면 이런 태도가 어떻게 바뀔까요?

주어진 환경을 원망하는 것은 하나님을 향한 마음가짐이 어떠함을 드러내나요?

하나님 없이는 아무것도 아닌 나

출애굽기의 핵심 주제는 '함께하시는 하나님'입니다. 하나님은 이집트에서 이스라엘의 부르짖음을 들으셨습니다. 또한 홍해에서도 광야에서도 그들과 함께하셨습니다. 하나님은 시내 산에서 장엄하게 나타나셨고, 성막에도 임하셨습니다.

모세는 이스라엘을 특별하게 만드는 것은, 그들 가운데 하나님이 계시기 때문이라는 것을 알았습니다. 그래서 하나님 없이는 이스라엘이 한 걸음도 나아갈 수 없다고 부르짖었습니다. 그들이 주변 민족과 구별되는 점은 그들의 땅이 아닙니다(아직 얻지도 못했어요). 부강하기 때문도 아닙니다(노예 출신이잖아요). 문화도 아닙니다(아직 발전하지도 못했어요). 그들을 특별하게 만든 것은, 바로 하나님이 그들과 함께하신다는 사실입니다.

한 번 더, 하나님이 그들 가운데 계심이 놀라운 방법으로 선포됩니다. 출애굽기 17장 5~7절에서 하나님이 물 문제를 어떻게 해결하시는지 살펴봅시다.

5여호와께서 모세에게 이르시되 백성 앞을 지나서 이스라엘 장로들을 데리고 나일 강을 치던 네 지팡이를 손에 잡고 가라 6내가 호렙 산에 있는 그 반석 위 거기서 네 앞에 서리니 너는 그 반석을 치라 그것에서 물이 나오리니 백성이 마시리라 모세가 이스라엘 장로들의 목전에서 그대로 행하니라 7그가 그곳 이름을 맛사 또는 므리바라 불렀으니 이는 이스라엘 자손이 다투었음이요 또는 그들이 여호와를 시험하여 이르기를 여호와께서 우리 중에 계신가 안 계신가 하였음이더라(출 17:5~7).

이야기의 끝에, 하나님이 그들과 함께하심을 의심하는 이스라엘의 모습이 나옵니다. 그들은 "여호와께서 우리 중에 계신가 안 계신가" 하고 물었습니다(출 17:7). 하나님이 자신들과 함께 계시는지 의심한 것입니다. 그러나 모세가 기도한 후, 하나님은 반석에서 물을 내주셨습니다(출 17:4~6).

본문으로 더 깊이

불평하는 것은 우리가 상상하는 것보다 훨씬 심각한 죄입니다(고전 10:1~12 참조, 거기 언급된 죄들에 주목하십시오). 바울은 빌립보 교회에 이 중요한 가르침을 전했습니다. "모든 일을 원망과 시비가 없이 하라 이는 너희가 흠이 없고 순전하여 어그러지고 거스르는 세대 가운데서 하나님의 흠 없는 자녀로 세상에서 그들 가운데 빛들로 나타내게 하려 함이라"(빌 2:14~15). 바울은 우리가 이 거스르는 세대에서 빛나기 위한 방법의 하나가 불평하지 않는 것이라고 말합니다. 불평하는 것은 숨 쉬는 공기처럼 자연스럽지만, 만약 우리의 날들을 불평의 말 대신 감사의 말로 채운다면 이 세상과 간격을 두고 설 수 있습니다.

우리는 지금 광야에 있습니다. 하지만 약속의 땅은 멀지 않았습니다. 또한 우리에게는 자녀를 돌보시는 하나님이 계십니다. 그러므로 습관적인 불평의 말 대신, 바다를 가르시고 죽은 자를 살리신 하나님에 대한 감사가 입술에서 흘러나오게 합시다.

그리스도와의 연결

고린도전서 10장에서 바울은 이 광야 사건을 회상하며 고린도 교회에 권고합니다.

> 1형제들아 나는 너희가 알지 못하기를 원하지 아니하노니 우리 조상들이 다 구름 아래에 있고 바다 가운데로 지나며 2모세에게 속하여 다 구름과 바다에서 세례를 받고 3다 같은 신령한 음식을 먹으며 4다 같은 신령한 음료를 마셨으니 이는 그들을 따르는 신령한 반석으로부터 마셨으매 그 반석은 곧 그리스도시라 5그러나 그들의 다수를 하나님이 기뻐하지 아니하셨으므로 그들이 광야에서 멸망을 받았느니라 6이러한 일은 우리의 본보기가 되어 우리로 하여금 그들이 악을 즐겨 한 것같이 즐겨 하는 자가 되지 않게 하려 함이니 (고전 10:1~6).

이스라엘 백성이 광야에서 경험한 일은 그리스도와 많은 연관성이 있습니다. 바울은 모세와 이스라엘 백성이 하나가 되어 홍해를 건너 이집트를 탈출한 일이, 우리가 그리스도와 연합하여 세례를 받는 것과 매우 유사하다고 해석했습니다(롬 6:3; 고전 10:1~2; 갈 3:27). 바울은 하나님이 이스라엘을 먹이신 것처럼 우리도 영적으로 먹이신다고 주장합니다(고전 10:3~4).

바울은 '반석에서 물이 터진 사건'을 언급하면서, 이것은 우리를 구원하기 위해 반석으로서 내려침을 당하신 그리스도에 대한 이야기라고 말했습니다. 바울이 "그 반석은 곧 그리스도시라"(고전 10:4)라고 말한 데서 반석이 그리스도를 의미하는 것을 알 수 있습니다.

모세는 백성을 치는 대신 반석을 내려쳤습니다. 그러자 물이 흘러나와 백성을 구할 수 있었습니다. 반석이신 예수님이 우리의 구원을 위해 내려침을 당하셨습니다. 하나님은 우리를 대신해 자기 아들을 때리셨습니다. 반석에서 그랬듯, 예수님이 창에 찔리시자 옆구리에서 물이 터져 나왔습니다(요 19:34). 우리가 맞을 죽음을 예수님이 당하시면서 우리는 영생을 위한 생명수를 마시게 되었습니다(요 7:37~38). 예수님을 믿음으로써 궁극적인 구원의 물을 마시게 됩니다.

이집트를 탈출한 이야기는 우리에게 가르침과 용기를 주는 동시에 경고도 줍니다. 바울은 이 이야기를 통해 고린도 교회에 경고했습니다. 이스라엘은 하나님의 말씀을 듣고 이적을 보았습니다. 하지만 이집트에서 이끌어 내신 하나님의 기적적인 구원과 광야에서의 공급을 경험한 이스라엘 세대는 약속의 땅을 볼 수 없었습니다(고전 10:5; 민 14:22~23, 29, 37; 26:64~65 참조). 놀랍게 그들에게 공급해 주셨음에도 불구하고 하나님을 진심으로 믿은 자가 극소수에 불과했기 때문입니다(히 3:16~19; 4:2).

알짬 교리99

죄-과녁에서 벗어남

죄에 관한 개념 중에는, 하나님이 인간을 위해 세워 놓으신 기준에서 어긋났다는 의미가 있습니다. 이는 단순한 실수가 아니라 의식적 선택이었고, 결과적으로 하나님의 영광에 미치지 못하게 합니다.

YOUR STORY

하나님이 들려주시는 이야기는 오늘을 사는 나와 늘 연결되어 있습니다. 아래 질문에 답하면서 성경 이야기가 내 이야기와 어떻게 연결되는지 생각해 봅시다.

▶ 최근에 자신이 처한 상황에 대해 원망한 적이 있나요? 원망하는 태도와 특권 의식은 어떤 관련이 있을까요?

자신에게 이런저런 자격이 있다고 생각하는 마음가짐, 곧 특권 의식이 있으면 자신이 원하는 대로 일이 이루어지지 않을 때 쉽게 불평합니다.

▶ 어려움 때문에 잘못된 태도나 행동을 보이게 되는 것일까요? 아니면 원래 가지고 있던 잘못된 태도와 행동이 어려움 때문에 드러나는 것일까요?

이 질문은 마음의 잘못된 태도를 드러내고, 소원이(선한 소원조차) 우리 삶에서 욕망으로 변하는 지점을 보여 줍니다.

▶ 하나님은 이스라엘을 광야에서 훈련시켜 하나님의 백성으로 만들려고 하셨습니다. 어려움을 당한 사람에게 하나님은 과연 어떤 식으로 훈련시키실까요?

이 질문에 관한 대답은 다양할 것입니다.

▶ 하나님이 원망하는 이스라엘 백성에게 필요한 것을 공급해 주신 일과, 투덜대는 우리에게 필요한 것을 베푸신 일 사이에 비슷한 점이 있나요? 하나님이 공급해 주시는 것을 깨닫고 달라진 태도가 있나요?

이 질문에 관한 대답은 다양할 것입니다.

하나님의 이야기
하나님이 그분의 아들
예수 그리스도를 통해
우리를 구속해 주신 이야기

우리의 이야기
우리의 이야기가
하나님의 이야기와
만나는 곳

YOUR MISSION

생 각

HEAD

하나님은 선하시며 우리가 주님 안에서 기쁨을 누리게 해 주십니다. 이것을 아는 그리스도인은 하나님이 우리를 그리스도의 형상으로 빚으셨으며(롬 8:28~29), 그러므로 힘든 시련의 시간도 지나야 한다는(롬 5:3~4; 약 1:3) 사실을 믿습니다. 하나님은 우리가 예수님처럼 살기 위해서는 시간이 필요하다는 것을 알고 계십니다.

- 어려움을 겪을 때, 예수님이 고난당하시고 십자가에서 죽으신 사실로 도움받은 적이 있나요?

  예수님의 고난이 드러내는 것은 다음과 같습니다. 1) 우리가 고난받을 때 하나님은 우리를 떠나지 않으십니다. 2) 우리가 고난받을 때 하나님은 그것을 선으로 바꾸실 수 있습니다. 3) 고난을 통해 변화가 일어납니다.

- 하나님이 당신을 위해 하실 수 있는 가장 위대한 일은 무엇일까요?

  하나님이 하실 수 있는 가장 위대한 일이 고난을 막아 주고, 가족을 지켜 주고, 풍족하게 살게 해 주는 것이라고 생각하는 사람들이 있습니다. 그러나 하나님은 그보다 더 위대한 일을 행하셨습니다. 바로 우리에게 자신을 내주신 일입니다. 십자가를 통해 고난을 바라보면 고난에 대한 생각과 마음가짐이 달라질 수 있습니다.

마 음

HEART

원망하고 불평하는 것은 마음속에 더 깊은 문제가 자리하고 있다는 증거입니다. 정욕이 걷잡을 수 없이 자라 욕심으로 변할 때, 죄가 우리 삶에 뿌리내리고 원망을 자아내기 시작합니다(약 4:1).

- 최근에 원망하고 불평했던 일을 생각해 보세요. 마음속에 어떤 욕심이 일어나서 그랬나요?

  이 질문에 관한 대답은 다양할 것입니다.

- 이스라엘 백성의 이야기로 인해, 원망하며 살아가는 태도를 바꾸고자 하는 도전을 받았나요?

  이 질문에 관한 대답은 다양할 것입니다.

행 동

HANDS

예수님은 우리의 구원을 위해 내려침을 당한 반석이십니다. 이 사실을 우리만 알고 있을 수는 없습니다. 우리는 모두에게 생명수를 공급해야 합니다. 우리는 세상에 좋은 것을 많이 제공할 수 있고, 또 그래야만 합니다. 세상 사람들에게 필요한 것을 제공하고, 나아가 우리에게 영생을 주기 위해 고난당하신 구세주의 복된 소식인 복음을 전해야 합니다.

- 그리스도인이 세상 사람들에게 생명수를 흘러 보내려면 어떻게 해야 할까요?

  이 질문에 관한 대답은 다양할 것입니다.

- 하나님께 자비를 얻은 사람은 다른 사람들에게 어떻게 자비를 베풀게 될까요?

  이 질문에 관한 대답은 다양할 것입니다.

> 다음 모임까지
> 출 22~28장을
> 읽어 보세요.

06

우상 숭배는 죄야!

요약

이번 과에서 이스라엘은 우상을 숭배하면서 예배를 왜곡하고 하나님의 정죄를 받습니다. 우상 숭배는 우리로 하여금 하나님에 대한 그릇된 관점을 갖게 하고 타락의 길로 가게 합니다. 모세는 우상을 숭배하던 이스라엘 백성과 하나님 사이에 들어가 중재자가 됩니다. 예수 그리스도께서는 우리의 중보자이십니다.

성경

출애굽기 32장 1~14절

HIS STORY

포 인 트	우상 숭배는 하나님의 자리에 다른 사람이나 사물을 놓는 것이다.
등 장 인 물	삼위일체 하나님(성부, 성자, 성령) 모세(하나님의 백성을 약속의 땅으로 인도하도록 선택됨) 아론(모세의 형, 하나님이 모세의 대변인으로 택하심)

메시지 좌표

지난 과에서는 자기 백성의 부르짖음을 들으신 하나님이 어떻게 이집트에서 그들을 구원해 광야로 인도하셨는지를 살펴봤습니다. 하나님의 구원에 대한 올바른 반응은 감사와 예배입니다. 그런데 불행히도 이스라엘은 구원의 하나님이 아닌 금송아지 우상을 예배했습니다.

이번 과에서 우리는 이스라엘의 우상 숭배가 어떻게 하나님의 정죄를 받게 되는지 살펴볼 것입니다. 우상 숭배는 하나님을 왜곡해서 받아들이게 하고 우리를 타락시키며, 자신을 드러내시는 하나님으로부터 멀어져 구원이나 변화시키는 능력이 없는 거짓 신에게 나아가도록 이끌므로 매우 위험합니다. 우리가 또한 보게 되는 것은, 모세가 하나님과 백성 사이에 서서 백성을 위해 하나님께 탄원하는 것입니다. 예수 그리스도를 중보자로 둔 우리는 우상에서 벗어나 그분이 주신 사명을 감당하도록 힘주시는 하나님의 능력을 신뢰합니다.

도 입

5~10분

우상 숭배는 이스라엘에 늘 존재하던 위험 요소였습니다. 사실 우상 숭배는 우상이 아니라 인간의 마음에 관한 것입니다. 시내 산 진영에서 금송아지를 만들던 이스라엘을 통해 이것을 알 수 있습니다. 스데반은 이스라엘 역사의 이 슬픈 순간을 다음과 같이 회상했습니다. "그 마음이 도리어 애굽으로 향하여 아론더러 이르되 우리를 인도할 신들을 우리를 위하여 만들라"(행 7:39~40). 그때나 지금이나 우상 숭배는 마음의 문제입니다.

우상 숭배란 무엇입니까? 하나님의 자리에 다른 사물이나 사람을 놓는 것입니다. 그리스도만이 주실 수 있는 것(기쁨, 안정, 평화, 의미, 의의, 정체성, 구원 등)을 다른 데서 구한다면 그것이 우상입니다. 많은 사람이 우상을 제단, 신전, 형상과 연관시키며 문제로 여기지 않지만, 우상은 마음 안에도 있습니다. 돈, 섹스, 연인 관계, 동료의 인정, 경쟁과 기술, 안전하고 쾌적한 환경, 아름다움, 두뇌, 성공과 야망 등이 보편적으로 볼 수 있는 우상입니다.

▶ 우상 만들기에 우리 마음이 이끌리는 이유는 무엇입니까?

▶ 우상 숭배가 하나님을 바라보는 우리의 관점을 어떻게 일그러뜨립니까?

툭하면 빠지는 함정, 우상 숭배

모세가 산으로 올라가 하나님을 어떻게 예배할지 지침을 받는 동안, 이스라엘 백성은 거짓 신을 예배하기 위해 금송아지를 만들었습니다. 그들은 이집트에서 떠나왔지만, 그들의 마음은 이집트에서 떠나지 않았습니다. 모세는 백성에게서 40일이나 떠나 있었지만, 아론은 그 자리에 계속 있었습니다. 백성은 아론에게 그들이 원하는 예배를 말했고, 아론은 확신 없는 지도자로서의 모습을 여실히 드러냈습니다. 백성이 요구한 대로 그대로 따른 것입니다.

1백성이 모세가 산에서 내려옴이 더딤을 보고 모여 백성이 아론에게 이르러 말하되 일어나라 우리를 위하여 우리를 인도할 신을 만들라 이 모세 곧 우리를 애굽 땅에서 인도하여 낸 사람은 어찌 되었는지 알지 못함이니라 2아론이 그들에게 이르되 너희의 아내와 자녀의 귀에서 금 고리를 빼어 내게로 가져오라 3모든 백성이 그 귀에서 금 고리를 빼어 아론에게로 가져가매 4아론이 그들의 손에서 금 고리를 받아 부어서 조각칼로 새겨 송아지

연 대 표

금송아지
THE GOLDEN CALF
이스라엘이 하나님이 아닌 우상을 경배하다.

계명 (1부)
THE COMMANDMENTS (PART I)
하나님이 이스라엘에게 자신과 어떻게 관계를 맺어야 하는지 지침을 주시다.

계명 (2부)
THE COMMANDMENTS (PART II)
하나님이 이스라엘에게 이웃과 어떻게 관계를 맺어야 하는지 지침을 주시다.

성막
THE TABERNACLE
하나님이 백성 가운데 거하실 성막을 세우시다.

속죄 제사 (1부)
ATONEMENT SACRIFICES (PART I)
번제, 소제, 화목제.

속죄 제사 (2부)
ATONEMENT SACRIFICES (PART II)
속죄제, 속건제.

형상을 만드니 그들이 말하되 이스라엘아 이는 너희를 애굽 땅에서 인도하여 낸 너희의 신이로다 하는지라 5아론이 보고 그 앞에 제단을 쌓고 이에 아론이 공포하여 이르되 내일은 여호와의 절일이니라 하니 6이튿날에 그들이 일찍이 일어나 번제를 드리며 화목제를 드리고 백성이 앉아서 먹고 마시며 일어나서 뛰놀더라(출 32:1~6).

이스라엘이 어쩌다 우상 숭배에 빠졌을까요? 어쩌다 참예배를 망쳤을까요? 같은 이유로, 우리 또한 우상 숭배에 빠집니다.

1. 하나님 말씀에 불순종할 때 우상 숭배에 빠집니다(출 32:1상).

죄가 어떻게 역사하는지 알아야 합니다. 우리는 무엇을 하라는 말을 듣고 싶어 하지 않습니다. 이런 경향의 역사는 하나님의 말씀에 의문을 제기하며 인류의 첫 조상을 유혹했던 에덴동산으로 거슬러 올라갑니다.

흥미로운 점은 이스라엘이 '주님'을 예배한다고 주장한다는 점입니다. 그들은 우상에게 희생 제물을 바치기까지 했습니다(출 32:5~6). 그들은 자신들이 진정 하나님을 예배하고 있다고 생각했을지도 모릅니다. 하지만 그들의 예배 방식은 하나님의 말씀에 어긋나는 것이었습니다. 이 사악한 행동에서 드러난 대로 그들 마음속에는 여전히 이집트가 있었습니다.

이렇게 왜곡된 예배가 우리에게 시사하는 바는 하나님이 어떤 분이신지를 제대로 아는 것이 얼마나 중요한가입니다. 예배란 성경을 통해 계시된 하나님에 관한 올바른 인식에 기초합니다. A. W. 토저가 ≪하나님을 바로 알자≫에서 말한 대로 "우상 숭배의 본질은 그분께 가치 없는 생각을 즐기는 것"입니다.

2. 하나님의 목적을 불신하면 우상 숭배에 빠집니다(출 32:1하).

이스라엘 백성은 모세에게 무슨 일이 일어났는지 몰랐다고 했지만, 그가 어디에 있는지 알고 있었습니다. 그들은 단지 하나님의 목적을 신뢰하지 않았던 것입니다. 그들이 우상을 만든 이유를 보십시오. 그들은 모세의 부재가 장기화되자 좌절하여 하나님의 목적을 신뢰하는 대신 그분 없이 살기로 했습니다.

하나님을 신뢰하지 못하는 것은 죄이고, 이 죄는 다른 무수한 죄로 우리를 인도합니다. 이스라엘은 여정을 계속하기를 원했습니다. 하지만 하나님은 일정표를 제공하지 않으셨습니다. 그분은 그들과 함께 가겠다고만 약속하셨습니다. 하지만 인내심 없는 이스라엘 백성은 하나님을 신뢰하지 못했습니다. 하나님을 의심할 만한 이유가 있었나요? 물론 아닙니다. 지금까지 하나님이 그들에게 베푸신 모든 기적과 양식을 생각해 보십시오.

3. 하나님의 은혜를 잊으면 우상 숭배에 빠집니다(출 32:2~4).

이스라엘 백성이 가져온 금 고리는 하나님의 은혜를 상기시킵니다. 그들은 이것을 어떻게 얻었습니까? 하나님이 그들에게 주셨습니다(출 3:20~22 참조). 즉 금은 하나님의 승리로 얻은 것입니다. 따라서 하나님의 영광과 신실하심을 드러냅니다. 하지만 이스라엘은 하나님의 은혜를 우습게 여겼습니다. 하나님의 선물을 그분의 영광을 위해 사용하는 대신 우상에게 내주었습니다. 시편 기자는 이 장면을 다음과 같이 묘사합니다. "그들이 호렙에서 송아지를 만들고 부어 만든 우상을 경배하여 자기 영광을 풀 먹는 소의 형상으로 바꾸었도다 애굽에서 큰 일을 행하신 그의 구원자 하나님을 그들이 잊었나니"(시 106:19~21).

4. 자기 은사를 하나님 영광을 위해 사용하지 않으면 우상 숭배에 빠집니다.

우리는 하나님의 은사를 즐기고, 감사하며, 하나님 나라를 위해 사용해야 합니다. 우상 숭배에 허비해서는 안 됩니다. 우상을 만드는 데 금 고리뿐 아니라 기술과 시간도 들인 것을 생각해 보십시오. 기술과 시간과 재물을 하나님을 영화롭게 하는 것이 아닌 우상 숭배에 사용한 것입니다. 우리는 자신에게 이렇게 질문해 봐야 합니다.

하나님의 영광을 위해 자신의 시간과 재능과 재정을 어떻게 사용하고 있나요?

내 힘으로 물리치지 못하는 죄, 누가 나 좀 도와줘!

주님은 모세에게 내려가서 백성의 왜곡된 예배에 대면하라고 말씀하십니다(출 32:7 참조). 하나님은 이스라엘 백성이 그분의 영광을 소의 형상으로 뒤바꾼 데 분노하셨습니다(8절, 시 106:19~23 참조). 그 결과 우상 숭배자들은 하나님의 정죄를 받게 되었습니다.

본문으로 더 깊이

본문으로 더 깊이

다른 성경 구절에서도 하나님은 중보를 요청하는 수단으로 거룩한 분노를 선포하십니다. 아모스 7장 1~6절에서 하나님은 아모스에게 이스라엘을 향해 무슨 일을 하실지 예고하십니다. 하지만 아모스가 중보하자 하나님은 뜻을 돌이키셨습니다. 요나 선지자는 40일 안에 니느웨가 멸망한다는 하나님의 경고를 선포했지만, 사실상 이것이 니느웨 사람들로 하여금 회개하게 하기 위한 것이었음을 알게 됩니다. 그들이 회개하자 하나님은 그들을 멸망시키지 않으셨습니다. 같은 일이 출애굽기에서도 일어납니다.

14절에서 "주님이 뜻을 돌이키셨다"고 했는데, 이는 하나님이 마음을 바꿨다는 의미가 아닙니다. 하나님은 모세를 기도하도록 초청하셨고, 모세가 그렇게 했기에 진노를 가라앉히신 것입니다. 하나님은 자기 계획을 바꾸신 것이 아닙니다. 하나님의 계획은 모세가 그 계획을 수행하는 것이었습니다. 결국 하나님은 사실상 재앙을 보내셨지만, 처음과 비교해 최소한의 처벌로 그치셨습니다(출 32:34~35).

7여호와께서 모세에게 이르시되 너는 내려가라 네가 애굽 땅에서 인도하여 낸 네 백성이 부패하였도다 8그들이 내가 그들에게 명령한 길을 속히 떠나 자기를 위하여 송아지를 부어 만들고 그것을 예배하며 그것에게 제물을 드리며 말하기를 이스라엘아 이는 너희를 애굽 땅에서 인도하여 낸 너희 신이라 하였도다 9여호와께서 또 모세에게 이르시되 내가 이 백성을 보니 목이 뻣뻣한 백성이로다 10그런즉 내가 하는 대로 두라 내가 그들에게 진노하여 그들을 진멸하고 너를 큰 나라가 되게 하리라(출 32:7~10).

이스라엘 백성은 창조주 하나님을 예배하는 대신 피조물을 예배하기로 결정했습니다. 시편 106편 23절은 이렇게 기록합니다. "그러므로 여호와께서 그들을 멸하리라 하셨으나 그가 택하신 모세가 그 어려움 가운데에서 그의 앞에 서서 그의 노를 돌이켜 멸하시지 아니하게 하였도다." 모세의 중재 사역에 대한 매우 인상적인 묘사입니다. 출애굽기 32장 11~14절에서 우리는 중재하는 모세의 중요한 역할을 보게 됩니다.

하나님과 다른 사람을 중재한다는 것은 무슨 뜻일까요

쉽게 말해서 중재란 '문제를 해결하기 위해 양자 모두에 발을 걸치는 것'입니다. 문제를 해결하기 위해 양자 모두에 발을 걸침으로써 둘의 관계가 끊어지지 않도록 하는 것입니다.

다른 사람을 위해 얼마나 자주 기도하나요?

11모세가 그의 하나님 여호와께 구하여 이르되 여호와여 어찌하여 그 큰 권능과 강한 손으로 애굽 땅에서 인도하여 내신 주의 백성에게 진노하시나이까 12어찌하여 애굽 사람들이 이르기를 여호와가 자기의 백성을 산에서 죽이고 지면에서 진멸하려는 악한 의도로 인도해 내었다고 말하게 하시려 하나이까 주의 맹렬한 노를 그치시고 뜻을 돌이키사 주의 백성에게 이 화를 내리지 마옵소서 13주의 종 아브라함과 이삭과 이스라엘을 기억하소서 주께서 그들을 위하여 주를 가리켜 맹세하여 이르시기를 내가 너희의 자손을 하늘의 별처럼 많게 하고 내가 허락한 이 온 땅을 너희의 자손에게 주어 영원한 기업이 되게 하리라 하셨나이다 14여호와께서 뜻을 돌이키사 말씀하신 화를 그 백성에게 내리지 아니하시니라(출 32:11~14).

이 이야기가 시사하는 것은 다른 사람을 위해 하나님께 간청해야 한다는 것입니다. 첫째, 기도할 때 하나님의 성품과 신실하심에 호소해야 합니다. 모세는 하나님의 긍휼하심과 신실하심에 호소했습니다.

둘째, 기도할 때 이기적인 욕망이 아닌 하나님의 뜻을 구해야 합니다. 모세는 개인의 영광을 구하지 않았습니다. 하나님은 그에게 그와 함께 다시 시작하겠다고 말씀하셨습니다. "너를 큰 나라가 되게 하리라"(출 32:10). 그런데 모세는 이스라엘을 큰 민족으로 만들고자 하시는 하나님의 뜻을 성취하는 데 더 관심을 기울였습니다. 우리도 하나님의 뜻 가운데 기도해야 합니다. 개인의 명성을 구하지 말고, 열방을 제자로 삼으라는 뜻입니다.

셋째, 기도할 때 하나님이 응답하신다는 사실을 믿어야 합니다. 출애굽기 32장은 하나님이 기도에 어떻게 응답하시는지를 보여 주는 최고의 예입니다. 하나님은 인격적이시며, 기도에 응답하시는 분입니다.

그리스도와의 연결

이스라엘 백성처럼 우리에게도 우상 숭배하는 죄를 위해 중재해 줄 사람이 필요합니다. 모세는 모두가 필요로 하는 최종적이며 궁극적인 인류의 중보자를 예표하는데, 바로 예수님입니다(딤전 2:5 참조). 모세보다 위대한 예수님이 중보로 우리에게서 하나님의 진노를 제하셨습니다(요 3:16 참조). 예수님의 사역이 없었다면 우리는 모두 정죄받고 소멸되었을 것입니다. 우리를 구원하신 예수 그리스도를 찬양합시다!

알짬 교리99

죄 - 우상 숭배

죄는 마음의 문제이기도 합니다. 외적으로 나타나는 죄는 사람의 마음에서 태동한 것이 열매로 자란 결과입니다(마 15:10~20). 성경에서 우상 숭배는 대개 나무나 금으로 새긴 형상에 절하는 것 또는 창조주 대신 피조물을 예배하는 것을 가리킵니다. 그러나 더 교묘한 형태를 띠기도 합니다. 사람들의 인정, 안전, 권력, 쾌락 등을 추구하는 것도 우상 숭배일 수 있습니다. 마음의 소원이 맹목적인 열망으로 바뀌는 영역을 검토해 봄으로써 우리 마음의 우상 숭배를 진단할 수 있습니다(약 4:1~2).

YOUR STORY

5~10분

하나님이 들려주시는 이야기는 오늘을 사는 나와 늘 연결되어 있습니다. 아래 질문에 답하면서 성경 이야기가 내 이야기와 어떻게 연결되는지 생각해 봅시다.

▶ **하나님에 대한 나의 견해가 성경에 나타난 하나님의 말씀과 맞는 것이 왜 중요할까요? 만약 그렇지 않다면, 어떤 위험성이 있을까요?**

이러한 견해 차이의 가장 큰 문제는 하나님을 알지 못한다는 것입니다. 성경에서 전하는 하나님이 아닌 상상에 근거한 믿음 때문입니다. 또한 하나님이 말씀해 주신 대로 그분을 알지 못한다면, 하나님이 우리에게 허락하신 삶의 방식이나 무엇이 옳고 그른지를 알지 못하게 됩니다.

▶ **하나님에 대한 나의 관점이 내 행동에 어떤 영향을 미칠까요? 하나님에 대한 오해로 잘못된 선택을 한 적이 있나요?**

하나님에 대한 견해는 하나님이 우리에게 허락하셨다고 믿는 삶의 방식에 영향을 미칩니다. 그래서 하나님에 대한 잘못된 관점을 갖고 있다면 그런 믿음을 반영하는 삶의 방식대로 살기 쉽습니다. 예를 들어 모든 사람이 하나님의 형상대로 창조되었다고 믿지 않는다면, 다른 이에 대한 차별과 인종주의에 동조할지도 모릅니다.

▶ **오늘날 우리가 씨름하고 있는 우상의 목록을 적어 보세요. 그리고 그것이 자신에게 얼마나 의미가 있는지 생각해 보세요.**

이 질문에 관한 대답은 다양할 것입니다.

▶ **이스라엘 백성처럼 하나님이 주신 은혜를 잊고 살면 어떤 일이 일어날까요?**

이 질문에 관한 대답은 다양할 것입니다.

하나님의 이야기
하나님이 그분의 아들 예수 그리스도를 통해 우리를 구속해 주신 이야기

우리의 이야기
우리의 이야기가 하나님의 이야기와 만나는 곳

5~10분

YOUR MISSION

생 각

HEAD

피조물은 모두 우상 숭배의 대상이 될 수 있습니다. 대개 좋은 것일수록 우상으로 떠받들어지는 법입니다. 하지만 '선한 것'을 '신적인 것'으로 둔갑시켜서는 안 됩니다. 그러다가는 완전히 속박되고 부패한 삶을 살다가 생을 마치게 될 것입니다.

- 하나님이 창조하신 '선한 피조물'이 사람들에 의해 '신적인 피조물'로 바뀌는 것들로 무엇이 있습니까?

  이 질문에 관한 대답은 다양할 것입니다.

- 이런 종류의 우상 숭배에 빠지지 않기 위해서는 어떻게 해야 할까요?

  그리스도를 바라봐야 합니다. 고린도후서 3장 18절대로라면, 우리는 우리가 바라보는 대상처럼 변합니다. 우리가 그리스도의 얼굴 속에서 하나님의 영광을 보게 된다면, 그리스도의 형상으로 변화되어 그리스도처럼 될 수 있을 것입니다.

마 음

HEART

하나님의 말씀에 대한 거부, 하나님을 향한 신뢰 부족, 하나님의 은혜에 대한 감사 부족, 하나님의 영광에 대한 갈망 부족이 이스라엘을 우상 숭배에 빠뜨려 타락하게 했습니다. 이스라엘은 예배를 왜곡했습니다. 그들은 하나님의 방법이 아닌 자기 방법대로 행했습니다. 예배란 자신을 영화롭게 하기 위한 것이 아니라, 하나님을 영화롭게 하기 위한 것임을 기억해야 합니다. 주님의 이름으로 일하면서도 주님을 예배하지 않을 수 있습니다.

- 하나님의 뜻보다 사람의 입맛에 맞추면서부터 예배가 '망가지고 있다'는 것을 보여 주는 징표들은 무엇입니까?

  자신의 마음을 담지 않은 채 찬양을 부르는 것, 다른 사람의 칭찬을 받기 위해 교회를 섬기는 것, 찬양 자체보다 음악적 기교에 치중하는 것을 예로 들 수 있습니다.

- 참예배를 드리기 위해서는 어떻게 해야 할까요?

  이 질문에 관한 대답은 다양할 것입니다.

행 동

HANDS

하나님은 주님을 필요로 하는 사람들을 위해 기도하도록 우리를 부르셨습니다. 그들의 구원을 위해 기도할 때는 하나님의 성품과 신실하심에 호소해야 합니다. 다른 이들에게 사랑 안에서 진실을 말하고, 그들의 삶에 하나님의 은혜가 임하도록 간구해야 합니다..

- 고난의 시간에 우상을 찾는 대신 믿음으로 하나님께 의지하도록 어떻게 도울 수 있을까요?

  히브리서 3장 12~13절이 주해에 좋은 본문입니다.

- 다른 사람을 위해 기도할 때 어땠나요?

  이 질문에 관한 대답은 다양할 것입니다.

다음 모임까지
출 29~36장을
읽어 보세요.

07

십계명 돌판 하나!

요약

하나님은 이스라엘에 그분의 사랑을 알게 하실 뿐 아니라 그들이 지켜야 할 율법도 주셨습니다. 그들은 하나님의 사랑과 함께 그분의 기대를 이해하고, 그분을 힘써 알며 그분과 언약적 관계 안에서 살아야 했습니다. 하나님의 율법은 우리에게 그분의 거룩하신 성품과 구속하시는 사랑을 깨닫고 그것을 세상에 드러내며 살아가게 합니다.

성 경

출애굽기 19장 1~6절; 20장 1~11절

HIS STORY

포 인 트	처음 네 계명은 자기 백성의 삶 속에서 우선이 되고자 하는 하나님의 열망을 반영한다.
등 장 인 물	삼위일체 하나님(성부, 성자, 성령) 모세(하나님의 백성을 약속의 땅으로 인도하도록 선택됨)
메시지 좌표	하나님은 모세에게 율법을 주어 이스라엘 백성에게 진리를 가르쳐 주십니다. 이스라엘은 광야에서 헤매느라 지쳤습니다. 하나님이 홍해에서 그들을 위해 보이신 위대한 승리는 먼 옛날 일이 되었고, 약속하신 땅에 들어가 정착하기만을 바랄 뿐입니다. 하지만 그들은 들어갈 준비가 되지 않았습니다. 하나님이 그들에게 행하실 일이 아직 남아 있었습니다.

이번 과에서는 이스라엘에 대한 하나님의 사랑 선포, 그리고 이 선포가 율법의 수여로 이어지는 모습을 살펴볼 것입니다. 그들이 이해해야 하는 것이 있는데, 그것은 하나님의 사랑 그리고 하나님이 그들에게 기대하시는 바가 있다는 것입니다. 하나님을 더욱 알아 가야 하고, 그분과 언약적 관계 안에 사는 것이 어떤 의미인지를 배워야 합니다. 율법을 통해, 우리는 하나님의 거룩하심과 우리를 구속하시는 사랑을 볼 수 있습니다. 그리고 그것을 지킬수록, 하나님의 거룩하심과 사랑을 세상에 드러내게 됩니다.

도 입

출애굽기 20장 1~11절에 기록된 처음 네 계명을 큰소리로 읽게 하십시오. 이스라엘 백성을 이집트의 노예 상태에서 구원하신 하나님이 말 그대로 율법을 내려 주셨습니다. 처음 네 계명은 모두 하나님과의 관계에 관한 것입니다. 학생들이 이 계명들의 의미에 관해 서로 이야기를 나누게 하십시오.

▶ 하나님보다 높이는 것이 있다면 무엇입니까?(이성 친구, 우승, 성공 등) 오늘날 우상으로 통하는 것들은 무엇입니까?(돈, 연예인 등) 우리는 하나님의 이름을 어떻게 남용합니까? 안식일을 거룩하게 지키지 못하도록 방해하는 일들은 무엇입니까?

첫째 계명은 아버지 하나님만이 유일하신 하나님이라고 강조합니다. 우리는 예수님을 사랑함으로써 하나님 아버지를 경외합니다. 그리스도와 관계를 맺지 않고는 하나님과 관계를 맺을 수 없습니다. 마음속에 그리스도를 모시지 않고 계명만 따른다면, 공허하고 의미가 없습니다.

▶ 하나님을 향한 사랑이 자신의 삶에 어떻게 나타납니까? 개인적으로 특별히 주의를 기울이는 계명이 있습니까?

독수리 날개로 업고 날아올 만큼 너를 사랑한단다!

이스라엘은 이집트의 압제 아래 오랫동안 고통을 겪었습니다. 하나님은 노예였던 그들을 놀라운 기적으로 건지셨습니다. 그런데 지금 그들은 다시 좌절해 있습니다. 하나님의 말씀이 필요했지요. 이때 하나님이 모세를 시내 산으로 불러 백성에게 그분의 말씀을 전하게 하십니다. 이 말씀이 출애굽기 19장에 나옵니다.

1이스라엘 자손이 애굽 땅을 떠난 지 삼 개월이 되던 날 그들이 시내 광야에 이르니라 2그들이 르비딤을 떠나 시내 광야에 이르러 그 광야에 장막을 치되 이스라엘이 거기 산 앞에 장막을 치니라 3모세가 하나님 앞에 올라가니 여호와께서 산에서 그를 불러 말씀하시되 너는 이같이 야곱의 집에 말하고 이스라엘 자손들에게 말하라 4내가 애굽 사람에게 어떻

연 대 표

계명 (1부)
THE COMMANDMENTS (PART I)
하나님이 이스라엘에 자신과 어떻게 관계를 맺어야 하는지 지침을 주시다.

계명 (2부)
THE COMMANDMENTS (PART II)
하나님이 이스라엘에 이웃과 어떻게 관계를 맺어야 하는지 지침을 주시다.

성막
THE TABERNACLE
하나님이 백성 가운데 거하실 성막을 세우시다.

속죄 제사 (1부)
ATONEMENT SACRIFICES (PART I)
번제, 소제, 화목제

속죄 제사 (2부)
ATONEMENT SACRIFICES (PART II)
속죄제, 속건제

모세의 고별 설교
MOSES' FAREWELL ADDRESS
구속하신 하나님을 기억하라는 지침을 주다.

게 행하였음과 내가 어떻게 독수리 날개로 너희를 업어 내게로 인도하였음을 너희가 보았느니라 5세계가 다 내게 속하였나니 너희가 내 말을 잘 듣고 내 언약을 지키면 너희는 모든 민족 중에서 내 소유가 되겠고 6너희가 내게 대하여 제사장 나라가 되며 거룩한 백성이 되리라 너는 이 말을 이스라엘 자손에게 전할지니라(출 19:1~6).

'시내 산에 있는 모세' 하면, 십계명이 떠오르죠. 우리는 십계명의 맥락을 잘 알아야 합니다. 하나님은 히브리인들을 독수리의 날개로 업어서 구원했다고 말씀하시며, 그들에게 하나님이 사랑하시고 보호하시는 것을 확인시켜 주십니다. 하나님은 이집트의 속박에서 건져 내어 친히 데려온 이가 바로 자신임을 모세를 통해 그들에게 상기시키십니다. 이스라엘을 건져 내실 때 구원자로서 자신을 드러내셨던 것입니다.

출애굽기 20장 1~2절에는 이스라엘을 향한 하나님의 사랑과 보호하심이 잘 나타나 있습니다.

1하나님이 이 모든 말씀으로 말씀하여 이르시되 2나는 너를 애굽 땅, 종 되었던 집에서 인도하여 낸 네 하나님 여호와니라(출 20:1~2).

십계명은 융통성 없고 무정한 주인이 세운 규칙 목록이 아닙니다. 노예 상태에 있던 자녀를 건져 낸 사랑의 아버지가 만드신 것입니다.

이렇게 말씀하신 하나님이 오늘날 우리를 구원해 주시는 바로 그 하나님임을 아는 것이 왜 중요할까요?

이스라엘 백성이 지치고 좌절한 순간, 하나님이 그들에게 확신을 주셨습니다. 그들을 건져 주실 만큼 사랑하고 계시며 잊지 않고 계시다는 것입니다. 그들은 안전한 만큼 주님을 신뢰해야 합니다. 하나님의 사랑은 구원 사건뿐 아니라, '언약'이라는 선물에서도 잘 나타납니다. 하나님은 이스라엘에 주님의 뜻을 선포하는 역할을 할 모세와 언약을 맺으셨습니다. 하나님은 율법을 통해 자신을 계시하실 만큼 백성을 사랑하셨습니다. 율법은 애매모호함 없이 그들 삶 속에 적용될 하나님의 거룩하심을 구체적으로 보여 줍니다.

나를 사랑하고, 내게 헌신하려면 이렇게 하렴!

하나님은 이스라엘 백성에게 율법을 주시기 전에 먼저 율법을 받을 준비를 시키셨습니다. 그들이 하나님께 어떻게 속하게 되었는지, 하나님의 사랑을 기억하게 하신 것입니다. 출애굽기 19장의 후반부는 하나님의 권능과 임재를 보여 줍니다. 불과 연기와 지진이 일어나는 배경 속에서 하나님은 자신이 임하시는 시내 산의 거룩한 땅에 모세가 서도록 허락하시고, 그에게 율법을 주셨습니다.

지금까지 살펴본 대로 하나님은 이스라엘의 하나님이시며, 홀로 그들을 이집트에서 구원해 내신 분입니다. 하나님은 이 사실을 그들에게 다시 강조하십니다. 교훈은 간단합니다. 하나님은 하나님이시기에 우리의 완전한 헌신을 받을 자격이 있으시다는 것입니다. 출애굽기 20장 3~6절에서 이 중요한 진리를 어떻게 뒷받침해 주는지 살펴봅시다.

3너는 나 외에는 다른 신들을 네게 두지 말라 4너를 위하여 새긴 우상을 만들지 말고 또 위로 하늘에 있는 것이나 아래로 땅에 있는 것이나 땅 아래 물 속에 있는 것의 어떤 형상도 만들지 말며 5그것들에게 절하지 말며 그것들을 섬기지 말라 나 네 하나님 여호와는 질투하는 하나님인즉 나를 미워하는 자의 죄를 갚되 아버지로부터 아들에게로 삼사 대까지 이르게 하거니와 6나를 사랑하고 내 계명을 지키는 자에게는 천 대까지 은혜를 베푸느니라(출 20:3~6).

하나님은 자기 백성에게 충성을 증명하게 하셨습니다. 하나님 외에 다른 누구에게도 그 무엇에도 더 큰 헌신을 보이지 말라는 것입니다. 에덴동산에서 아담과 하와는 '하나님과 같이' 되리라는 유혹에 빠졌습니다. 첫째 계명에서 하나님은 인간의 죄로 인해 뒤집힌 것을 바로잡으셨습니다. 우리는 모든 생각과 행동과 관계에서 하나님이 마땅히 계셔야 할 자리를 그분께 내어 드려야 합니다.

둘째 계명은 첫째 계명을 더 상세히 진술합니다. 죄로 인해 우리는 하나님의 형상으로 지음받았으면서도 거꾸로 하나님을 우리처럼 만들려고 시도합니다. 손으로 우상을 만들고, 그것이 우리를 특별하게 만들어 주고 구원해 주기를 바라며 그것에 믿음을 쏟습니다. 바울은 이런 욕망을 로마서 1장 21~23절에서 이렇게 설명했습니다.

21하나님을 알되 하나님을 영화롭게도 아니하며 감사하지도 아니하고 오히려 그 생각이 허망하여지며 미련한 마음이 어두워졌나니 22스스로 지혜 있다 하나 어리석게 되어 23썩어지지 아니하는 하나님의 영광을 썩어질 사람과 새와 짐승과 기어다니는 동물 모양의 우상으로 바꾸었느니라(롬 1:21~23).

하나님이 아닌 다른 무언가를 섬기려는 갈망은 으뜸 자리를 두고 하나님과 늘 경쟁하려고 덤비는 마음에서 나옵니다. 우리는 그냥 내버려 두면 언제나 자신을 높이고, 자신이 바라는 것을 이루어 주리라 믿는 것들로 주변을 둘러쌉니다. 우리의 마음은 자신이 아닌 바깥의 도움으로 다시 만들어지고 세워져야 합니다. 하나님보다 못한 것에 경배하려는 죄 된 성향을 깨뜨릴 힘의 도움이 필요합니다.

이어지는 두 계명은 하나님께 완전히 헌신하는 삶이 어떤 모습인지를 잘 보여 줍니다.

7너는 네 하나님 여호와의 이름을 망령되게 부르지 말라 여호와는 그의 이름을 망령되게 부르는 자를 죄 없다 하지 아니하리라 8안식일을 기억하여 거룩하게 지키라 9엿새 동안은 힘써 네 모든 일을 행할 것이나 10일곱째 날은 네 하나님 여호와의 안식일인즉 너나 네 아들이나 네 딸이나 네 남종이나 네 여종이나 네 가축이나 네 문안에 머무는 객이라도 아무 일도 하지 말라 11이는 엿새 동안에 나 여호와가 하늘과 땅과 바다와 그 가운데 모든 것을 만들고 일곱째 날에 쉬었음이라 그러므로 나 여호와가 안식일을 복되게 하여 그날을 거룩하게 하였느니라(출 20:7~11).

셋째 계명을 잠시 들여다봅시다. 하나님의 이름이 남용되는 것을 하나님이 얼마나 심각하게 여기시는지 알겠습니까? 단지 하나님의 이름으로 저주하거나 맹세하는 일에만 해당하는 계명이 아닙니다. '하나님의 이름을 경외한다'는 것에는 훨씬 더 많은 의미가 들어 있음을 알아야 합니다.

하나님의 이름을 함부로 사용하지 말라는 것은 무슨 의미일까요? 하나님을 경외하라는 뜻입니다. 그러므로 하나님에 관해서, 혹은 하나님을 대변하기 위해서 하나님의 이름을 사용할 때는 신중히 해야 합니다.

고린도후서 5장 20절은 전합니다. "우리가 그리스도를 대신하여 사신이 되어 하나님이 우리를 통하여 너희를 권면하시는 것같이 그리스도를 대신하여 간청하노니 너희는 하나님과 화목하라." 우리는 왕을 대변하기 위해 모든 상황에 존재하는 사람들입니다. 하나님의 이름을 잘 사용한다는 것은, 예수님을 사람들에게 알리고 그분을 따르도록 호소하는 데 사용하는 것을 의미합니다.

출애굽기 20장 8~11절에서 하나님은 일주일에 하루를 안식하라고 명령하셨습니다. 하나님의 백성은 해야 할 일과 하지 않아야 할 일을 구분해 안식일을 거룩하게 지켜야 합니다. 일주일에 6일은 생명을 유지하며 질서 있게 살아가기 위해 힘써야 합니다. 하나님은 자기 백성이 그분께 집중할 수 있도록 일상적인 활동을 잠시 멈추게 하십니다.

그리스도인으로서 우리는 예수 그리스도 덕분에 안식일 율법의 세부 조항에서 자유롭게 되었다고 믿습니다. 예수님이 우리 영혼의 안식이시기 때문입니다(골 2:16~23 참조).

그러나 십계명에는 여전히 우리가 기억해야 할 중요한 원리들이 있습니다.

하나님을 본받아야 합니다.

안식하는 것은 우리가 한계를 가진, 쉼이 필요한 존재임을 인정하는 것입니다. 하나님도 창조의 완성을 위해 쉬셨습니다. 우리는 하나님보다 연약하므로 마땅히 쉬어야 합니다. 많이 이루기 위해 쉬지 않는다면, 그것은 피조물로서의 한계를 거부하고 자신의 능력과 인내라는 우상을 만드는 것일지도 모릅니다.

우리는 하나님을 신뢰해야 합니다.

잠시 일을 멈추고 쉬면서 하나님께 집중하는 것은, 자신의 능력을 뛰어넘어 하나님의 공급하심을 믿고 인정하는 것입니다. 쉼 없이 과로한다면, 하나님이 우리를 위해 일하심을 믿지 않는 것입니다.

우리에게는 하나님이 필요함을 인정해야 합니다.

분주하게 살다 보면 하나님으로부터 벗어나기가 쉽습니다. 날마다 그날을 예배를 위한 날로 삼는다면, 우리 삶에 그분이 마땅히 계셔야 할 자리를 정기적으로 인정하는 것입니다.

그리스도와의 연결

율법을 통해 하나님은 하늘의 베일을 걷고 자신을 은밀히 보여 주십니다. 하나님은 우리에게 그분의 거룩하심을 보여 주심으로써, 율법이 요구하는 조건에 미치지 못하는 우리의 모습을 보게 하십니다. 우리의 힘만으로는 율법이 요구하는 조건들을 충족시키지 못합니다. 우리를 위해 행하신 예수님의 사역 없이는 불가능한 일입니다. 율법의 완성은 오직 십자가에서 이루어집니다. 우리가 구원을 바라며 회개하고 예수님을 믿을 때, 주님이 우리 의가 되어 우리를 위해 율법의 조건들을 충족시켜 주십니다. 예수님은 하나님의 영광을 으뜸 자리에 놓으시고, 하나님 아버지의 이름을 온전히 영화롭게 하시며, 우리의 참 안식이 되어 주신 독생자이십니다

마태복음 5장 17절에서 예수님은 이 소명을 교회로 확장해 이렇게 말씀하십니다. "내가 율법이나 선지자를 폐하러 온 줄로 생각하지 말라 폐하러 온 것이 아니요 완전하게 하려 함이라"(마 5:17). 그리스도의 권능으로 율법에 따라 살아가고자 할 때, 우리는 다른 사람들에게 하나님께 나아가는 길, 즉 예수님을 보여 주게 될 것입니다.

알짬 교리**99**

한 분이신 하나님

'쉐마'로 불리는 신명기 6장 4~9절에서 볼 수 있듯, 성경은 하나님이 한 분이심을 단언합니다. 구약 시대와 신약 시대 모두에서 유일신교(한 분 하나님을 믿음) 사상을 가지는 것은 주변 문화와 대조되는 일이었습니다. 대부분의 문화권이 다신교(여러 신을 믿음)나 단일신교(여러 신을 믿는데 그중 한 신을 주신으로 섬김) 사상을 가지고 있었기 때문입니다. 오직 하나님의 백성만이 하나님의 계시에 근거해 여호와 하나님만이 유일한 참 하나님이심을 알았습니다.

YOUR STORY

하나님이 들려주시는 이야기는 오늘을 사는 나와 늘 연결되어 있습니다. 아래 질문에 답하면서 성경 이야기가 내 이야기와 어떻게 연결되는지 생각해 봅시다.

▶ 이스라엘처럼 하나님께 받은 사랑과 구원의 증거가 있습니까? 삶으로 구원의 하나님을 전하고 있습니까?
이 질문에 관한 대답은 다양할 것입니다.

▶ 내가 좋아하는 것 중에 우상으로 만들지 않기 위해 애쓰고 있는 것이 있습니까?
이 질문에 관한 대답은 다양할 것입니다.

▶ 하나님의 이름이 세상에서 함부로 사용되지 않게 하려면 어떻게 해야 할까요? 왜 하나님은 이것을 매우 심각하게 여기실까요?
우리는 주님의 이름을 경박하고, 불신앙적이며, 위선적으로 남용하고 있습니다. 경박하다는 것은 하나님의 이름으로 진실함 없이 저주하거나 맹세하는 것입니다. 불신앙적이라는 것은 하나님에 대해 진실하지 않게 얘기해서 그 명예를 더럽히고 그 뜻을 왜곡하는 것입니다. 위선적이라는 것은 우리 삶에서 하나님 이름의 가치를 보여 주지 못하고 하나님에 대한 간증에 해를 입히는 것입니다.

▶ 이번 과를 통해 안식일을 지키라는 명령에 대한 생각이 바뀌었나요? 십계명에서 우리가 기억해야 할 세 가지 원리를 되새기면 어떤 유익이 있을까요?
이 질문에 관한 대답은 다양할 것입니다.

하나님의 이야기
하나님이 그분의 아들
예수 그리스도를 통해
우리를 구속해 주신 이야기

우리의 이야기
우리의 이야기가
하나님의 이야기와
만나는 곳

YOUR MISSION

생 각
HEAD

십계명의 처음 네 계명은 하나님과의 관계를, 다음 여섯 계명은 다른 사람들과의 관계를 다루고 있습니다. 하나님을 제일 위에 모시고, 그다음에 다른 것들을 두고 있죠. 이 순서가 중요합니다. 하나님과의 관계는 다른 사람들과 맺는 관계의 범위와 깊이를 결정합니다. 하나님과의 관계가 건강하고 예수님 중심으로 사는 사람은 그 관계에서 받은 은혜와 자비와 사랑을 다른 사람들에게도 전할 수 있게 됩니다.

● **우리와 하나님과의 관계는 우리와 다른 사람들과의 관계에 어떤 영향을 미칠까요?**
한 가지 예는 '용서'입니다. 하나님께 죄 용서를 받았다면, 우리도 마찬가지로 우리에게 죄 지은 사람을 용서해야 합니다(마 18:21~35; 요일 4:11 참조).

● **하나님과의 좋은 관계란 어떤 모습일까요?**
이 질문에 관한 대답은 다양할 것입니다.

마 음
HEART

요즘은 어떤 형상이나 조각을 만들어 섬기지 않는다 해도 더 미묘한 형태의 우상 숭배를 경계해야 합니다. 우리가 으뜸으로 여기는 것은 누구든지 무엇이든지 우상이 될 수 있습니다. 십계명의 처음 두 계명은, 하나님은 사랑이 많은 분이지만 우리 마음속에 있는 보좌만큼은 절대 양보하지 않는 분이라는 사실을 일깨워 줍니다. 우리 삶에서 하나님은 언제나 으뜸이 되셔야 합니다.

● **하나님이 우리 마음속의 보좌를 요구하시는 것이 합당하다고 생각하나요?**
하나님은 우리 마음속에 으뜸이 되실 자격과 권리를 가지고 계십니다. 하나님은 모든 선한 것과 즐거움의 창조주로, 우리는 애초에 주님을 삶의 으뜸으로 모시도록 지어졌습니다.

● **우상인지, 우상이 아닌지는 어떻게 알 수 있을까요?**
진단하기 위해 증상을 묻는 의사처럼, 때로는 마음 상태를 알 수 있는 간단한 질문을 자기 자신에게 던져 보는 것이 좋습니다. 예를 들어 "무엇이 인생을 가치 있게 만드는가?", "나는 어디서 위로를 얻는가?" 등입니다.

행 동
HANDS

하나님은 우리가 하나님을 우리 삶의 최우선 순위에 모시는 즐거움으로 살아가며 그것을 세상에 드러내며 살기를 바라십니다. 이를 통해 다른 사람들도 하나님을 자기 삶의 최우선 순위에 모시는 즐거움을 알고 경험하기를 원하십니다.

● **우상 숭배가 그리스도인의 사명과 가르침에 장애가 되는 이유는 무엇일까요?**
이 질문에 관한 대답은 다양할 것입니다.

● **이번 과를 통해 십계명에 대한 생각이 어떻게 달라졌나요?**
이 질문에 관한 대답은 다양할 것입니다.

> 다음 모임까지
> 출 37~40장; 레 1~4장을
> 읽어 보세요.

08

십계명 돌판 둘!

요약

이번 과에서 우리는 인간관계를 통해 하나님을 예배하는 데 초점을 맞춘 여섯 가지 계명을 살펴볼 것입니다. 하나님이 우리를 부르신 것은 부모를 공경하고, 이웃을 자기 자신처럼 사랑하고, 자족하는 마음을 가짐으로써 하나님을 예배하도록 하기 위함임을 알게 될 것입니다. 하나님을 향한 우리 사랑을 표현하는 방법 중의 하나는 주님의 형상대로 지음받은 다른 사람들을 사랑하는 것입니다.

성경

출애굽기 20장 12~17절

HIS STORY

포 인 트	나머지 여섯 계명은 백성이 서로 어떤 관계로 살아가야 하는지에 관한 하나님의 열망을 반영한다.
등 장 인 물	삼위일체 하나님(성부, 성자, 성령) 모세(하나님의 백성을 약속의 땅으로 인도하도록 선택됨)
메시지 좌표	십계명에는 분명한 경계선이 존재합니다. 처음 네 계명은 하나님의 구원과 은혜에 대한 사랑의 반응을 묘사합니다. 그리고 다음 여섯 계명은 다른 사람들과 어떤 관계를 맺어야 하는지에 초점을 맞춥니다. 하나님은 그의 은혜로 우리가 하나님과 화해하고 친밀한 관계를 맺을 뿐 아니라, 다른 사람들과도 건강한 관계를 맺길 바라십니다.

이번 과에서는 인간관계를 통해 하나님을 예배하는 데 초점을 맞춘 여섯 계명을 살펴볼 것입니다. 하나님이 우리를 부르신 것은 부모를 공경하고, 이웃을 자기 자신처럼 사랑하고, 자족하는 마음을 가짐으로써 하나님을 예배하도록 하기 위함임을 알게 될 것입니다. 하나님을 향한 우리 사랑을 표현하는 방법 중 하나는 주님의 형상대로 지음받은 다른 사람들을 사랑하는 것입니다.

도 입

2014년에 <유토피아>(Utopia)라는 제목의 리얼리티 TV 쇼 프로그램이 방영되었습니다. 프로그램의 방식은 간단했습니다. 다양한 배경을 가진 15명의 사람이 시골에서 함께 사는 모습을 보여 주는 것입니다. "지도자도 없고, 규칙도 없고, 폭로도 없다"(no leaders, no rules, no plumbing)라는 구호 그대로 말입니다. 그런데 이 프로그램은 5천만 달러나 손해를 보고 막을 내렸습니다. 그리 놀라운 일은 아닙니다. 문명사회는 규칙이나 법 없이는 존재할 수 없습니다. 우리는 체계가 필요한 존재로 창조되었습니다. 하나님이 질서의 하나님이시기에 우리는 질서를 갈망합니다. 창조에서부터 제사법 제정에 이르기까지 모든 분야에서 하나님의 질서를 발견할 수 있습니다.

그러나 하나님의 질서를 우리 삶에 어떻게 적용할 것인가의 문제는 오늘날 제대로 이해되지 못하고 있습니다. 너무나 많은 그리스도인이 구약과 신약을 대비하며 마치 구약은 율법만 있고, 신약은 은혜만 있는 것처럼 이해합니다. 하지만 지난 과에서 살펴봤듯이 이것은 잘못된 이분법입니다. 출애굽기 19장은 이스라엘이 하나님과의 언약 안에 살도록 구원받은 백성임을 보여 줍니다. 하나님은 순종해야 은총을 베풀겠다고 말씀하지 않으셨습니다. 그 전에 이미 이스라엘을 선택하셨고, 구원하셨습니다. 하나님은 십계명을 통해 우리에게 은혜 안에서 살아가는 것이 어떤 것인지를 보여 주십니다.

▶ 지도자나 통치자가 없는 사회를 상상해 보십시오. 어떨 것 같나요? 어떤 점이 좋고, 어떤 점이 나쁠까요?

▶ 규칙이나 기준이 없는 세상에서 살고 싶은가요? 그렇다면 또는 그렇지 않다면, 그 이유는 무엇인가요?

부모를 공경할 줄 알아야 하나님을 예배하지!

하나님은 인간관계의 중심으로 가정을 창조하셨습니다. 다섯째 계명은 이 관계에 초점을 맞추어 이 관계가 왜 그렇게 중요한지를 이해하도록 돕습니다.

네 부모를 공경하라 그리하면 네 하나님 여호와가 네게 준 땅에서 네 생명이 길리라 (출 20:12).

도입 선택

학생들을 소그룹으로 나눕니다. 각 그룹에 종이와 연필을 나눠 주십시오. 그리고 그룹별로 지난 몇 년 동안 부모, 교사에게서 받은 규칙의 목록을 작성하게 합니다. 예를 들어 "대접받고 싶은 대로 남을 대접하라", "껌을 씹을 때는 입을 다물어라", "공부할 때는 집중해라", "어른에게 공손하게 굴어라", "일찍 다녀라" 등이 있습니다. 잠시 후 각 그룹의 대표자가 일어나 목록을 발표하게 합니다. 한 그룹이 발표하는 동안, 다른 그룹들은 목록 중에 같은 내용이 있으면 표시합니다. 다른 그룹과 겹치지 않는 규율이 가장 많은 그룹에 상을 줍니다. 출애굽기 20장 12~17절을 읽어 준 후, 다음과 같이 질문하십시오.

• 처음 네 계명과 다음 여섯 계명 사이에 초점의 변화가 보입니까?

십계명의 후반 여섯 계명은 '우리는 다른 사람들을 어떻게 대해야 하는가' 하는 문제와 직결된다는 점을 지적해 주십시오.

• 후반 여섯 계명이 그리스도인에게 특별히 중요한 이유는 무엇입니까?

이들 계명을 따름으로써 신실하고 충직한 사람이 되며, 온전한 삶을 살 수 있게 됩니다. 이를 통해 우리 안에 예수 그리스도가 살아 계심을 주변에 나타낼 수 있기 때문입니다.

연 대 표

계명 (2부)
THE COMMANDMENTS (PART II)
하나님이 이스라엘에게 이웃과 어떻게 관계를 맺어야 하는지 지침을 주시다.

성막
THE TABERNACLE
하나님이 백성 가운데 거하실 성막을 세우시다.

속죄 제사 (1부)
ATONEMENT SACRIFICES (PART I)
번제, 소제, 화목제

속죄 제사 (2부)
ATONEMENT SACRIFICES (PART II)
속죄제, 속건제

모세의 고별 설교
MOSES' FAREWELL ADDRESS
구속하신 하나님을 기억하라는 지침을 주다.

약속의 땅 정탐
SCOUTING THE PROMISED LAND
정탐꾼들이 돌아와 보고하다.

'공경하다'로 번역된 히브리어에는 '무겁다'라는 뜻이 있지만, '넘치도록 존경하다'라는 긍정적인 의미도 가지고 있습니다. 부모라 해도 원죄를 가진 인간이기에 공경을 받을 만한 '자격'이 얼마나 있는가는 저마다 다를 수 있습니다. 하지만 하나님은 부모의 자격을 따지고 나서 공경할지 말지를 결정하라고 하지 않으셨습니다. 하나님이 부모를 공경하라고 하신 것은, 그것이 하나님을 공경하는 방법이며 우리 삶에서 하나님의 권위를 인정하는 것이기 때문입니다.

부모와 관계 맺는 방식은 모든 인간관계, 특히 권위자와의 상호 작용에 기초가 됩니다. 권위는 사회에 질서를 가져오는데, '부모를 공경하라'는 하나님의 명령은 삶에서 다른 권위들에 반응하는 방식에 본보기가 됩니다.

부모를 공경하기 위해 어떤 식으로 노력하고 있습니까?

다섯 번째 계명을 좀 더 잘 지켰더라면, 가정의 분위기가 어떻게 달라졌을 것 같습니까?

하나님을 사랑한다면 이웃을 해칠 리 없지!

하나님을 예배하는 삶은 가정에서 시작되어 다른 인간관계로 확장되어야 합니다. 실제로 예수님은 가장 큰 계명이 무엇이냐는 질문에 "먼저 마음을 다하고 목숨을 다하고 뜻을 다하여 하나님을 사랑하고, 그러고 나서 이웃을 자기 자신같이 사랑하라"고 요약해 주셨습니다(마 22:36~40). 훗날 바울은 십계명의 간음, 살인, 도둑질, 탐심의 금지는 '이웃을 자신과 같이 사랑하라'는 계명 하나로 요약될 수 있다고 말했습니다(롬 13:9~10).

알짬 교리 **99**

성경의 권위

성경은 인류를 향한 하나님의 특별한 계시를 담고 있는 하나님의 영감 있는 말씀으로 그리스도인에게는 궁극적인 권위를 지닌 기준이 됩니다. 성경의 모든 가르침은 진리입니다. 따라서 성경은 인류를 위한 지혜의 보고로서 하나님의 영광에 합당하게 살아가는 방법을 가르쳐 줍니다. 성경의 권위에 복종한다는 것은 말씀을 믿고 순종하는 것으로 이것은 곧 하나님을 믿고 순종하는 것을 의미합니다.

그런데 이웃을 사랑한다는 것은 무엇입니까? 우리는 주변 사람들과 어떻게 관계를 맺어야 할까요? 하나님은 율법을 주실 때, 모든 인류에게 투영된 그분의 형상을 존중하고 가치를 부여할 방법을 알려 주셨습니다. 그것이 무엇인지를 성경 말씀과 함께 차례로 살펴보겠습니다.

13살인하지 말라 14간음하지 말라 15도둑질하지 말라 16네 이웃에 대하여 거짓 증거하지 말라 17네 이웃의 집을 탐내지 말라 네 이웃의 아내나 그의 남종이나 그의 여종이나 그의 소나 그의 나귀나 무릇 네 이웃의 소유를 탐내지 말라(출 20:13~17).

살인하지 말라

이 계명은 분명하고도 간결합니다. 살인은 배후의 동기로 인해, 그리고 사람의 목숨을 무시하는 행태로 인해 죄입니다.

하나님을 사랑하고 창조주로서 높여 드리기 위해서는 하나님의 영광이 깃든 모든 생명의 가치를 인정해야 합니다. 다른 사람들에게 창조주를 닮은 천부적 존엄성이 있는데, 자신에게 쓸모가 있는지 여부로 그들의 가치를 판단한다면 그것은 자신의 가치를 하나님의 가치보다 높은 것으로 만드는 일입니다.

간음하지 말라

일곱 번째 계명은 애초에 성이 결혼의 범위 안에서 제한되도록 디자인하신 하나님의 뜻에서 비롯되었습니다. 태초에 하나님은 사람이 독처하는 것이 좋지 않다고 여겨 여자를 창조하셨습니다. 아담과 하와는 진리와 사랑 안에서 하나님의 형상을 함께 드러냈습니다.

간음이란 성적 문란으로 결혼이라는 연합을 끊는 것입니다. 가족에게 상처를 주고, 하나님이 신성한 안식처로 디자인하신 가정을 파괴하기 때문입니다.

도둑질하지 말라

여덟 번째 계명은 도둑질을 금합니다. '도둑질'은 모든 선한 것의 주인이신 하나님을 신뢰하는 대신 소유욕에 사로잡혀 온갖 부정직한 행위를 저지르는 것을 가리킵니다.

본문으로 더 깊이

하나님의 형상으로 창조된 인간을 살해하는 것은 사실상 하나님에 대한 공격이기 때문에 가증합니다(창 9:5~6).

본문으로 더 깊이

로마서 7장 9~10절은 탐심을 다루는 열 번째 계명과 연결됩니다. 여기서 바울은 율법의 온전함과 그 자신의 불완전함을 암시합니다. 열 번째 계명과 달리 다른 모든 계명은 외관상 명백히 지킬 수 있는 것들입니다. 그러나 열 번째 계명은 마음, 즉 태도의 문제에 관한 것입니다. 이 계명은 바울 자신이 죄인임을 철저히 확인시켰습니다.

우리는 왜 도둑질을 할까요? 하나님의 공급하심을 신뢰하지 못하기 때문입니다. 이런 면에서 도둑질은 일종의 자기 숭배입니다. 하나님을 신뢰하기보다 자립을 선호하기 때문입니다.

네 이웃에 대하여 거짓 증거하지 말라

아홉 번째 계명은 이웃에 대한 위증 금지입니다. 구약성경 내내 하나님은 거짓말하는 입술에 대한 미움을 말씀하시며 진실만을 선포하라고 요구하십니다. 하나님은 진실을 말씀하시는 분이므로 그의 백성도 언제나 진실만을 말해야 합니다.

우리는 어떤 종류의 거짓이라도 뿌리칠 수 있는 사람이 되어야 합니다. 거짓말은 그럴 만한 자격이 없는 자신에게 찬양과 보호와 유익을 끼칠 요량으로 하는 조작입니다. 그 성격은 단순히 진실을 말하지 않는 것 이상의 무엇이거나, 하나님이 아닌 사탄의 것에 가깝습니다. 우리가 자신을 높이기 위해 거짓말을 한다면, 우리는 하나님과 그분의 거룩한 성품을 닮지 못합니다.

네 이웃의 집을 탐내지 말라

열 번째 계명은 욕구를 충족하고자 하는 우리 성향에 관한 것입니다. 사람은 하나님이 되려고 하면서 자기가 결코 얻을 수 없는 것들을 채우려고 애씁니다. 이러한 특성은 에덴동산에서부터 시작되었습니다. 정직하게 잘 관찰한다면, 자기 삶에서 이런 성향을 발견하게 될 것입니다.

탐심은 단지 무엇을 갖고자 하는 소유욕만이 아닙니다. 하나님이 아닌 다른 사람이나 사물로 기쁨을 얻고 채워질 수 있다고 확신하는 것입니다. 욕망을 달래 주는 것이 만족까지 줄 수 있다고 믿는 자기 숭배입니다.

위의 다섯 계명 중에서 가장 무시하기 쉬운 것은 무엇입니까?
계명을 지키며 살아가는 그리스도인이 더 많아진다면, 세상은 어떻게 달라질까요?

그리스도와의 연결

우리는 "네 부모를 공경하라"는 계명을 지킴으로써 예수님을 닮을 수 있습니다. 예수님은 자기 영광을 억제하고 스스로 권위 앞에 순종하셨습니다. 부모에게 순종하는 것은 그리스도의 겸손과 사랑을 나타내는 것입니다.

"살인하지 말라"는 계명과 관련해 예수님은 살인 너머에 있는 마음, 즉 미움을 지적하심으로써 한 걸음 더 들어가십니다. 살인이 다른 이에 대한 미움이나 분노로 가득한 마음에서 흘러나오는 가증한 행동임을 아셨기 때문입니다.

"간음하지 말라"는 계명과 관련해 예수님은 행동 너머에 있는 마음, 즉 음욕을 지적하십니다. 이는 결혼 서약이 예수님과 교회의 관계를 보여 주기 때문입니다. 예수님은 신실한 신랑으로서 자신이 구속하신 백성과 친밀한 관계에 들어가십니다. 이처럼 남자와 여자는 결혼이라는 언약적 관계에 들어감으로써 그리스도의 사랑과 신실함에 대해 생생하고 객관적인 교훈을 세상에 보여 줍니다.

"도둑질하지 말라"는 계명과 관련해 예수님은 정말 중요한 것이 무엇인지 깨닫게 하시며, 보물이 있어야 할 곳을 알려 주십니다(마 6:19~24).

"네 이웃에 대하여 거짓 증거하지 말라"는 계명과 관련해 예수님은 우리가 복음의 권능을 통해서 자기 자신보다 진실을 더 사랑하도록 다시 태어날 수 있다고 일깨워 주십니다.

"네 이웃의 집을 탐내지 말라"는 계명과 관련해 예수님은 우리가 성령의 능력을 통해 만족을 얻을 수 있다고 가르치십니다. 오직 그리스도를 통해서만 이기심을 죽일 수 있으며, 우리의 삶에 임하는 하나님의 계획과 공급에 만족할 수 있습니다.

그리스도는 십계명과 깊은 관계가 있으십니다. 십계명은 단지 하지 말라는 것들의 목록이 아닙니다. 하나님 나라의 시민으로서 살아가도록 그리스도가 우리를 변화시키시는 방법의 표현입니다.

YOUR STORY

하나님이 들려주시는 이야기는 오늘을 사는 나와 늘 연결되어 있습니다. 아래 질문에 답하면서 성경 이야기가 내 이야기와 어떻게 연결되는지 생각해 봅시다.

▶ **부모를 공경하는 바람직한 태도는 무엇인가요?**

불손한 태도로 순종하는 것은 진정한 공경이 아닙니다. 존경 없는 순종을 보일 수는 있지만, 이것은 하나님이 바라시는 것이 아닙니다. 하나님은 단지 행위뿐 아니라, 마음까지도 올바르기를 바라십니다. 권위자에게는 존중하는 태도를 보여야 합니다.

▶ **예수님이 살인을 '미워하는 마음'과 연결하신 이유는 무엇일까요? 미워하는 마음을 없애는 방법에는 어떤 것들이 있을까요?**

미움과 분노가 공존하는 마음이 살인이라는 악한 행위로 이어질 수 있습니다. 미움과 분노가 뿌리라면, 살인은 거기에 맺히는 열매라고 할 수 있습니다. 살인을 저지르지는 않더라도 때때로 우리는 다른 사람을 헐뜯거나 욕하거나 SNS에서 비방하는 것으로 미움을 표현합니다.

▶ **오늘날 돈이 아닌 것들을 훔치는 것은 흔한 일이 되었습니다. 어떤 예를 들 수 있을까요? 그리스도인은 이런 일에 어떻게 반응해야 할까요?**

이 질문에 관한 대답은 다양할 것입니다.

▶ **오늘날 대수롭지 않게 여기며 흔히 하는 거짓말에는 어떤 것들이 있나요? 그리스도인은 거짓말에 어떤 자세를 지녀야 할까요?**

험담하기, 선의의 거짓말 등입니다. 그리스도인은 성경이 거짓말에 대해 던진 심각한 경고를 기억해야 합니다. 솔직함과 정직함은 그리스도인의 마음에 일어난 변화를 알 수 있는 주요 지표입니다. 그리스도인은 복음의 진리를 가졌으며, 그리스도 안에서 새로운 정체성을 갖게 된 만큼 모든 사람에게 진실해야 합니다.

하나님의 이야기
하나님이 그분의 아들
예수 그리스도를 통해
우리를 구속해 주신 이야기

우리의 이야기
우리의 이야기가
하나님의 이야기와
만나는 곳

5~10분

생 각
HEAD

도둑질은 탐심에서 비롯되는 행동입니다. 마음속에서 단순히 바랐던 것이 나도 모르는 사이에 그것 없이는 살 수 없는 무언가로 바뀔 수 있습니다. 야고보서 4장 1~3절은 유혹이 죄로 변하는 과정을 보여 주는데, 각 사람이 자신의 정욕에 이끌린다고 말합니다.

- 탐심과 도둑질은 어떤 관련이 있을까요?

  단순한 희망 사항이 거세져 욕망으로 변하면, 우리 안에 마음의 우상이 생겨납니다. 예를 들어 누군가가 남의 논문을 표절하고도 자기가 쓴 것이라고 주장한다면, 그 사람은 분명 진리나 정직에 마음을 쓰기보다 좋은 성적이나 다른 이들의 찬사를 더 따르며 그것들을 우상화한 것입니다.

- 받는 것보다 주는 것이 더 복되다는 말에 동의하나요? 그렇다면 또는 그렇지 않다면 그 이유는 무엇인가요?

  이 질문에 관한 대답은 다양할 것입니다.

마 음
HEART

탐심은 주로 마음속에서 일어나는 사건입니다. 하지만 이 죄의 열매는 사람의 삶 속에 노골적으로 드러나고, 자주 다른 죄로 이끄는 원천이 됩니다.

- 탐심은 하나님에 대한 생각과 태도에 어떤 영향을 미칠까요?

  하나님은 우리를 돌보시고, 우리에게 필요한 모든 것을 제공하시는 분입니다. 우리가 가진 모든 것이 하나님에게서 왔음을 안다면, 그분이 주시지 않은 것을 탐하는 것은 그분께 불만족을 드러내는 일임을 깨닫게 될 것입니다.

- 출애굽기 20장 17절에서 "탐내지 말라"고 한 대상을 오늘날의 것으로 바꿔 봅시다.

  이 질문에 관한 대답은 다양할 것입니다.

행 동
HANDS

다른 사람들과 관계 맺는 방식은 복음을 전하는 데 영향을 미칩니다. 만약 그리스도인이라고 하면서도 다른 사람들을 푸대접하거나 존중하지 않는다면, 그들에게 우리의 복음 증거는 부정적으로 비칠 것입니다. 반대로 사랑하고 존중한다면, 우리의 복음 증거는 긍정적으로 비칠 것입니다. 믿음은 관계에 긍정적인 영향을 끼쳐야 하고, 관계는 주변 사람들을 향한 복음 증거에 긍정적으로 기여해야 합니다.

- 부모를 공경하지 않거나 도둑질하거나 탐하는 등의 행동이 그리스도의 대사로서의 우리 사명을 어떻게 방해합니까?

  이 질문에 관한 대답은 다양할 것입니다.

- 다른 사람들과 좋은 관계를 맺는 그리스도인을 보면, 세상 사람들은 어떤 생각을 할까요?

  이 질문에 관한 대답은 다양할 것입니다.

다음 모임까지
레 5~10장을
읽어 보세요.

09

성막,
하나님의 집

요약

이번 과에서는 이스라엘 백성이 시내 산에서 건설한 성막을 세부적인 지시를 따라 지었다는 데 초점을 맞춰 살펴볼 것입니다. 또한 하나님이 성막을 짓기 위해 계획하신 거룩한 설계를 자기 백성을 통해 완성하신 것을 볼 것입니다. 성막은 미래에 있을 무엇인가를 가리키는 본보기이기도 합니다. 신약성경의 저자들에 따르면, 하나님은 자기 아들을 지상에 보내셨는데, 그는 곧 육체로 오신 하나님이 우리 가운데 계시는 '성막'이십니다. 오늘날 믿는 자들은 하나님의 임재가 머무는 백성으로서, 우리가 사는 세상에 하나님의 임재를 선포하는 작은 성막으로서 살아가야 합니다.

성경

출애굽기 25장 1~9절; 39장 32~43절; 40장 34~38절

HIS STORY

포 인 트	하나님은 자기 백성 사이에 거하기를 원하신다.

등 장 인 물

삼위일체 하나님(성부, 성자, 성령)

모세(하나님의 백성을 약속의 땅으로 인도하도록 선택됨)

브살렐과 오홀리압(기술자, 광야에서 성막을 지음)

메시지 좌표

이번 과에서는 십계명에 이어 또 다른 중요한 사건을 다룰 것입니다. 바로 '성막 건설'입니다. 우리에게 다소 친숙한 이야기지만, 이스라엘 백성의 삶에서 성막이 차지하는 의미와 중요성에 대해서는 간과된 면이 있습니다. 이 이야기는 자기 백성 가운데 거하시는 하나님과 그분의 의지에 대해 많은 것을 특별한 방식으로 가르쳐 줍니다. 그리고 죄 많은 우리가 어떻게 해야 하나님을 만날 수 있는지에 대해 알려 줍니다.

도입

광야를 통과하는 내내 하나님은 이스라엘 백성과 함께하셨습니다. 오늘날에도 성령은 믿는 사람들의 마음속에 거하시며 우리와 함께하시는데, 그분의 임재를 유독 강하게 경험할 때가 있습니다. 모세가 주님 앞에 섰을 때 달리 보였던 것처럼, 우리 삶도 하나님과 함께하면 다르게 보일 것입니다.

많은 사람이 주님을 경험하고 싶다고 말하지만, 그분을 만나려면 어떻게 해야 하는지 잘 모릅니다. 구약성경에서 하나님은 성막에 임하시곤 했습니다.

▶　　오늘날 우리는 어떤 식으로 하나님의 임재를 경험합니까?

하나님은 자기 백성 가운데 계십니다. 그분의 영광이 우리를 두르고 계십니다. 우리는 이것을 깨닫고 하나님과 더 많은 시간을 보내려고 노력해야 합니다. 하나님의 임재로 우리 삶이 영원히 변화될 것입니다.

성막을 지으리라

출애굽기 20장에 관한 내용의 지난 두 과에서는 율법의 '두 판'에 초점을 맞췄습니다. 첫째 판은 하나님이 이스라엘에 원하시는 사랑의 표현, 즉 어떻게 그분을 섬겨야 하는지에 관한 것입니다. 둘째 판은 하나님이 그들에게 어떻게 이웃을 사랑하고, 그들의 유익을 추구해야 하는지 일러 주신 것입니다.

모세가 시내 산에서 하나님과 독대할 때, 하나님은 그분의 다음 관심사가 무엇인지 보여 주셨습니다. 하나님의 임재를 선포할 성막, 즉 거룩한 장막을 세우라고 명하신 것입니다. 거룩하신 하나님이 자기 백성 가운데 거하실 수 있도록 말이에요.

이곳에서 백성의 죄가 선포되고(동물의 희생 제사를 통해), 하나님의 거룩하고 구별된 백성이라는 지위가 확립됩니다. 하지만 여기서도 주님은 예배 장소를 언급하지 않으십니다. 하나님의 말씀을 들은 모세는 당혹스러웠을 것입니다.

연 대 표

성막
THE TABERNACLE
하나님이 백성 가운데 거하실 성
막을 세우시다.

속죄 제사 (1부)
ATONEMENT SACRIFICES (PART I)
번제, 소제, 화목제

속죄 제사 (2부)
ATONEMENT SACRIFICES (PART II)
속죄제, 속건제

모세의 고별 설교
MOSES' FAREWELL ADDRESS
구속하신 하나님을 기억하라는
지침을 주다.

약속의 땅 정탐
**SCOUTING THE PROMISED
LAND**
정탐꾼들이 돌아와 보고하다.

놋뱀
THE BRONZE SERPENT
쳐다보는 모든 백성이 치유되다.

1여호와께서 모세에게 말씀하여 이르시되 2이스라엘 자손에게 명령하여 내게 예물을 가져오라 하고 기쁜 마음으로 내는 자가 내게 바치는 모든 것을 너희는 받을지니라 3너희가 그들에게서 받을 예물은 이러하니 금과 은과 놋과 4청색 자색 홍색 실과 가는 베 실과 염소 털과 5붉은 물 들인 숫양의 가죽과 해달의 가죽과 조각목과 6등유와 관유에 드는 향료와 분향할 향을 만들 향품과 7호마노며 에봇과 흉패에 물릴 보석이니라(출 25:1~7).

이 지시 사항들은 성막 건설에 사용할 재료들을 모으기 위한 것입니다. 주님은 이들 예물을 자원해서 가져와야 한다고 강조하십니다. 출애굽기의 성막 이야기 도입부에서 알 수 있는 것은, 하나님은 우리가 마지못해서가 아니라 기쁜 마음으로 주님 앞에 나오기를 바라신다는 것입니다.

이후 하나님은 모세에게 이 재료들을 어떻게 사용할지 설명하셨습니다. 출애굽기 25장은 이렇게 이어집니다.

8내가 그들 중에 거할 성소를 그들이 나를 위하여 짓되 9무릇 내가 네게 보이는 모양대로 장막을 짓고 기구들도 그 모양을 따라 지을지니라(출 25:8~9).

'성소'로 번역된 히브리어 '미크다쉬'는 '거룩한 장소'를 뜻하는데, '구별된'이나 '거룩한'을 뜻하는 '카다쉬'에서 파생된 단어입니다. 불타는 떨기나무 장면에서 언급된 '거룩한 땅'처럼 성막과 기구들이 거룩한 것은 그것에 어떤 가치가 있어서가 아니라, 하나님의 임재가 거기 있기 때문입니다(출 3:5 참조).

"내가 그들 중에 거할"이라는 구절에 주목하세요. 이스라엘 백성도 우리처럼 하나님이 시공을 초월해 어느 곳에나 임하실 수 있다는 것을 알았습니다. 어려운 신학 용어로 '편재하시는 하나님'이라고 합니다. 하지만 하나님은 특정한 시대와 공간 속에 감각적으로 알 수 있는 방식으로 인간 가운데 자신의 임재를 드러내기로 결정하셨습니다. 광야에서는 성막이 바로 그런 공간이 될 것입니다.

어떻게 보면 성막은 안팎에 비싼 가구들을 갖다 놓은 화려한 장막에 지나지 않았습니다. 이곳을 거룩한 '성소'로 바꾼 것은 그 안에 충만한 '여호와의 영광'이었습니다(출 40:34). 이제 이 장막과 가구들은 여호와의 임재와 함께 영원토록 기억될 것입니다.

하나님은 성막 건설의 작은 부분까지 구체적으로 지시하셨습니다. 왜 그러셨을까요?

구체적인 지시가 하나님께 순종하는 것을 더 쉽게 만들까요? 아니면 더 어렵게 만들까요? 왜 그렇게 생각하나요?

뚝딱뚝딱, 이렇게 지어라

성막과 관련해서는 모든 것이 완벽히 맞아떨어졌습니다. 원자재들이 모이자 브살렐과 오홀리압 두 명의 장인이 일꾼들과 함께 장막을 세우고 모든 기구를 정교하게 만들기 시작했습니다. 성경 저자는 하나님이 이들에게 기술을 부어 주셨다고 기록했습니다(출 36:1). 성경에는 각 공정에 따른 세부 사항들이 세세히 기록되어 있습니다.

· 성막(출 36:8~38)
· 언약궤(출 37:1~9)
· 떡상, 등잔대, 분향단, 제단을 위한 관유(출 37:10~29)
· 희생 제물을 위한 번제단과 물두멍(출 38:1~8)
· 뜰의 휘장(출 38:9~20)
· 대제사장 아론과 그의 아들들을 위한 옷(출 39:1~31)

성경은 성막 건설에 필요한 품목을 정확히 기술합니다(출 38:21~31). 특히 값비싼 금붙이의 무게가 경이적인데, 황금이 1톤 이상, 은이 3톤 이상, 놋이 2톤 이상 필요했습니다(출 38:24, 25, 29 참조). 한편 출애굽기 39장에는 이런 구절이 있습니다.

32이스라엘 자손이 이와 같이 성막 곧 회막의 모든 역사를 마치되 여호와께서 모세에게 명령하신 대로 다 행하고 33 그들이 성막을 모세에게로 가져왔으니(출 39:32~33).

이 구절에서 주목해야 할 포인트는 다음과 같습니다.

· 하나님은 자기 백성을 통해 그의 역사가 완성되기를 바라십니다("이스라엘 자손이 … 명령하신 대로 다 행하고").

· 실제로 하나님의 계획은 완성될 수 있고, 잘 완성됩니다("회막의 모든 역사를 마치되…").

· 인간은 자원하여 온전히 주님께 순종할 수 있습니다. 그런데 때로는 하나님의 도우심이 필요합니다("이스라엘 자손이 … 여호와께서 … 명하신 대로 다 행하고").

· 하나님은 지도자를 거룩한 도구로 사용하십니다. 브살렐과 다른 일꾼들은 임무를 마치고, 하나님이 세우신 사람에게 검토를 받았습니다("그들이 성막을 모세에게 가져왔으니").

내가 그곳에 임하리라

하나님은 이전에(그리고 임시로) 구름기둥을 통해 이스라엘 백성에게 자신의 임재를 드러내신 적이 있습니다. 이스라엘 진영 밖에 있는 임시 회막, 즉 모세가 주님과 말씀을 나누는 곳 위에 또다시 구름이 덮였습니다(출 13:21; 33:7~11). 그런데 이전보다 더 놀랍고 새로운 일이 일어납니다. 출애굽기 40장에 쓰인 것처럼 하나님이 진영 한가운데, 즉 새로 지은 성막 위에 누구나 볼 수 있게 나타나신 것입니다.

34구름이 회막에 덮이고 여호와의 영광이 성막에 충만하매 35모세가 회막에 들어갈 수 없었으니 이는 구름이 회막 위에 덮이고 여호와의 영광이 성막에 충만함이었으며(출 40:34~35).

출애굽기 40장 34~35절에는 "여호와의 영광"이 두 번이나 강조됩니다. '영광'으로 번역된 히브리어 단어는 '무게'와 '밝음'이라는 두 가지 의미를 지니고 있습니다. 이스라엘의 하나님과 관련해서 영광이란 임재의 압도적인 현현을 가리킵니다.

모세는 진영 밖의 장막 위로 하나님이 임하셨을 때 "주의 영광을 내게 보이소서" 하고 간청했습니다(출 33:18). 그러자 하나님이 모세에게 자기 영광을 부분적으로나마 드러내셨습니다(출 33:19~23). 그런데 모세가 회막에 들어갈 수 없을 정도로 하나님의 영광이 충만히 임해 결국 백성이 모두 하나님의 임재를 경험했습니다.

얼마 후 광채는 제사장들이 회막 안에서 맡은 바 일을 완수하도록 가라앉습니다. 하지만 구름은 하나님이 이스라엘 진영에 머무시는 영원한 증거로서 성막 위에 머무릅니다. 출애굽기는 다음 말씀으로 요약되며 마무리됩니다.

36구름이 성막 위에서 떠오를 때에는 이스라엘 자손이 그 모든 행진하는 길에 앞으로 나아갔고 37구름이 떠오르지 않을 때에는 떠오르는 날까지 나아가지 아니하였으며 38낮에는 여호와의 구름이 성막 위에 있고 밤에는 불이 그 구름 가운데에 있음을 이스라엘의 온 족속이 그 모든 행진하는 길에서 그들의 눈으로 보았더라(출 40:36~38).

그리스도와의 연결

출애굽기의 성막에 관한 모든 내용은, 특히 결론 구절은 하나님이 자기 백성과 함께하길 원하시며, 그들과 함께함을 그들이 알기를 원하신다는 사실을 결정적으로 증명합니다. 이 진리는 오늘날에도 동일합니다. 이 진리에 관한 가장 위대한 증거는 성육신, 즉 하나님 자신이 인간의 형태를 입으신 데 있습니다. 예수님은 과거뿐 아니라 현재에도 하나님이 인류에게 자신을 드러내시는 으뜸가는 성막이십니다.

알짬 교리99

제사장이신 예수님

우리의 위대한 대제사장이신 예수님은 우리를 하나님과 화해시키는 사역을 완수하셨습니다. 예수님은 우리를 의롭게 하려고 아버지께 완전한 의를 드린 분입니다. 또 우리를 위해 아버지 앞에 중보하시는 분이며(히 7:25; 9:24), 우리를 위해 여전히 신실하게 기도하시는 분입니다(눅 22:31~32; 요 17장).

YOUR STORY

하나님이 들려주시는 이야기는 오늘을 사는 나와 늘 연결되어 있습니다. 아래 질문에 답하면서 성경 이야기가 내 이야기와 어떻게 연결되는지 생각해 봅시다.

▶ **하나님이 예물을 자원하는 마음으로 가져오라고 하신 이유는 무엇일까요? 우리는 예물을 어떻게 드려야 할까요?**
봉헌은 하나님을 향한 감사와 헌신의 표현입니다. 따라서 즐거운 마음으로 드려야 하나님이 기뻐하십니다. 마지못해 드린다면 하나님은 기뻐하지 않으실 것입니다.

▶ **하나님은 성막 건설을 위해 사람들을 세우셨습니다. 하나님의 뜻을 세우는 '거룩한 도구'로서 부름받은 우리는 무슨 일을 해야 할까요?**
예를 들어 세례를 받은 후에 교회를 섬기거나 어려운 이웃을 돌보는 일을 할 수 있습니다.

▶ **예수님이 십자가에서 죽으실 때, 그전까지 사람들이 하나님을 대면하지 못하도록 막아 놓았던 성전 두 번째 휘장이 위로부터 아래까지 찢어져 둘이 되었습니다(막 15:38). 이것이 상징하는 것은 무엇일까요?**
오늘날 믿는 자들은 예수 그리스도의 보혈을 통해 하나님께 거리낌 없이 나아갈 수 있습니다.

▶ **하나님이 우리와 항상 함께하시므로 우리는 늘 하나님께 나아갈 수 있습니다. 그런데 왜 계속해서 하나님을 '경험하지' 못할까요?**
하나님의 임재와 영광을 경험할 기회가 아주 많다는 점을 강조하세요. 하나님의 임재를 경험했던 이야기를 들려줌으로써, 학생들도 서로 자신의 경험을 나눌 수 있도록 격려해 주십시오.

하나님의 이야기
하나님이 그분의 아들
예수 그리스도를 통해
우리를 구속해 주신 이야기

우리의 이야기
우리의 이야기가
하나님의 이야기와
만나는 곳

YOUR MISSION

생 각
HEAD

우주의 주인이신, 하늘과 땅을 지으신 하나님이 우리와 함께 거하시려 한다는 것은 놀라운 일입니다. 인간이 타락하기 이전에만 해당하는 이야기가 아니라, 죄와 반역 한가운데 있는 지금도 마찬가지입니다. 은혜롭게도 하나님은 구원받은 죄인인 우리와 함께 거하시며, 우리로 하여금 완전한 자신감을 가지고 그분과 동행하게 하십니다.

- 성막 가득 빛나는 하나님의 임재와 성막 위의 구름을 목격하는 것은 하나님을 이해하는 데 어떤 영향을 미칠까요?

  이 질문에 관한 대답은 다양할 것입니다.

- 하나님이 자기 백성 가운데 거하길 원하신다는 사실을 아는 것은 죄와의 싸움에 어떤 영향을 미칠까요?

  하나님이 자기 백성과 함께하시고 그들 가운데 거하신다는 진리를 염두에 두는 것은 죄의 허망한 즐거움에서 멀어지고자 하는 동기가 될 수 있습니다. 하나님의 영원한 임재가 주는 무한한 기쁨을 알기 때문입니다.

마 음
HEART

바울은 하나님의 성령이 우리 안에 거하신다는 사실을 성전을 통해 상기시킵니다. 세상에서 우리는 하나님의 성전으로서 다른 사람들에게 주님의 임재를 드러냅니다(고전 3:16; 6:19; 엡 2:21~22 참조).

- 당신의 삶에서 하나님의 영광은 어떤 식으로 드러납니까?

  이 질문에 관한 대답은 다양할 것입니다.

- 살아 있는 성막으로서 주위에 하나님의 임재를 어떻게 드러낼 수 있을까요?

  이 질문에 관한 대답은 다양할 것입니다.

행 동
HANDS

성막 이야기를 통해 알 수 있는 또 하나의 사실은, 하나님이 다양한 은사를 사람들에게 주어 그의 나라와 다른 이들을 위해 사용하신다는 것입니다. 브살렐과 오홀리압은 하나님이 창조 때 의도하신 대로 예술가와 장인이 됨으로써 하나님께 영광을 돌렸습니다. 당신이 받은 은사와 장차 갖게 될 직업에 대해 생각할 때, 이것은 좋은 본보기가 될 것입니다. .

- 은사나 직업에 대해 어떤 것은 거룩하고, 어떤 것은 세속적이라고 생각하는 것은 왜 잘못된 것일까요?

  목사나 선교사가 되는 게 변호사나 사회복지사가 되는 것보다 하나님을 영화롭게 할 것이라고 착각하는 사람들이 있습니다. 하나님은 하나님의 영광과 다른 이들의 유익을 위한 모든 직업을 좋게 여기십니다(물론 명백히 비도덕적이거나 불법적인 직업은 제외됩니다).

- 하나님의 영광을 위해 자기 재능을 계속 연마하는 데 브살렐과 오홀리압의 이야기는 어떻게 용기를 줍니까?

  이 질문에 관한 대답은 다양할 것입니다.

다음 모임까지 레 11~18장을 읽어 보세요.

10

번제, 소제, 화목제

요약

레위기에 묘사된 처음 세 종류의 희생 제사는 '번제', '소제', '화목제'입니다. 번제는 하나님 앞에서 백성의 죄를 제거하기 위한 것입니다. 소제는 하나님과 이웃을 섬기도록 이스라엘을 회복시키기 위한 것입니다. 화목제는 하나님과 백성의 화해를 위한 것입니다. 우리는 그리스도의 최종적인 희생 제사에 힘입어 하나님 앞에서 우리 죄가 사해진 것과 그분이 주신 사명대로 하나님을 섬길 자유와 하나님과의 관계 회복을 기념할 수 있습니다.

성 경

레위기 1장 3~9절; 2장 1~3절; 3장 1~5절

HIS STORY

포 인 트 속죄 제사는 죄를 제거하고, 예배를 회복하고, 하나님과 화해하는 데 필요하다.

등 장 인 물 삼위일체 하나님(성부, 성자, 성령)

모세(하나님의 백성을 약속의 땅으로 인도하도록 선택됨)

아론(모세의 형, 하나님이 모세의 대변인으로 택하심)

메시지 좌표 지난 과에서 보았듯이 광야의 성막은 하나님의 임재가 그의 백성 가운데 나타나 보인 장소였습니다. 성막은 아름다운 모습에 경탄하라고 지어진 곳이 아니었습니다. 성막은 진지한 사역이 이루어지는 곳이었습니다. 성전 입구 앞에 놓인 큰 놋 번제단에서 도축한 희생 제물을 불에 태워 번제로 드렸습니다.

성경은 성막의 건설과 하나님의 영광이 장막을 가득 채운 내용을 서술한 후(출 40장), 거기서 드려질 동물 희생 제사의 세세한 지침을 나열합니다(레 1~7장). 주님은 희생 제사에 대한 지침을 구체적으로 주셨습니다. 다섯 가지 제사는 각각 조금씩 다른 목적이 있었지만, 속죄에 관한 확신을 드러내는 점에서는 모두 같았습니다.

도 입

5~10분

1999년 미 해군에 입대한 마커스 러트럴(Marcus Luttrell)은 네이비 실, 즉 미군의 최고 엘리트 부대에 들어가고 싶었습니다. 그리고 마침내 2001년, 그 목표를 이뤘습니다. 몇 년이 지난 2005년 6월, 그는 악명 높은 테러리스트 수장을 제거하는 임무를 받았습니다. 부대원 3명과 함께 작전을 수행하던 그는 압도적인 수적 열세로 적에게 포위되고 말았습니다. 24시간 후, 팀에서 살아남은 사람은 러트럴뿐이었습니다. 러트럴은 적에게 붙잡힐 뻔했지만 그를 발견하고 숨겨 준 파슈툰족 사람 덕분에 간신히 위기에서 벗어날 수 있었습니다. 그러나 적들은 끈질기게 러트럴을 찾아다녔습니다.

이 소식을 들은 네이비 실은 즉시 구출 작전에 돌입했습니다. 16명의 특공대가 러트럴을 구출하러 갔지만, 단 한 명도 살아 돌아오지 못했습니다. 러트럴 구출 작전은 네이비 실 전투 역사상 단일 교전에서 가장 많은 사상자를 낸 사건이 되었습니다. 이후 러트럴은 무사히 구출되었고 집으로 돌아왔습니다.

▶   특공대원들은 러트럴과 조국을 위해 어떤 행동을 했습니까? 이 같은 일을 기꺼이 할 수 있겠습니까? 그렇다면 또는 그렇지 않다면, 그 이유는 무엇인가요?

러트럴을 구출하기 위해 자원한 사람들은 자기 목숨을 내주어야만 다른 누군가를 살릴 수 있다는 사실을 알고도 그렇게 했습니다. 예수님이 우리를 위한 구원 사역에 착수하실 때도 이와 같았습니다. 예수님은 우리를 대적에게서 구하기 위해 자기 목숨을 바치셨습니다. 예수님의 아름다운 구속 사역으로 말미암아 우리는 죄의 노예 상태에서 풀려나 그분을 섬길 수 있게 되었습니다.

번제, 남김없이 태워라

students

하나님께 드리도록 특별히 규정된 첫 번째 동물 제사는 번제입니다. '번제'라는 이름은 아무것도 남기지 않고 전부를 완전히 태우는 유일한 제사라는 사실에서 비롯되었습니다.

레위기 1장에서 주님이 이 제사에 관해 모세에게 지시하신 내용은 다음과 같습니다.

연 대 표

속죄 제사 (1부)
ATONEMENT SACRIFICES (PART I)
번제, 소제, 화목제

속죄 제사 (2부)
ATONEMENT SACRIFICES (PART II)
속죄제, 속건제

모세의 고별 설교
MOSES' FAREWELL ADDRESS
구속하신 하나님을 기억하라는
지침을 주다.

약속의 땅 정탐
*SCOUTING THE PROMISED
LAND*
정탐꾼들이 돌아와 보고하다.

놋뱀
THE BRONZE SERPENT
쳐다보는 모든 백성이 치유되다.

요단 강이 갈라짐
THE PARTING OF THE JORDAN
하나님이 여호수아를 불러 이스
라엘을 인도하게 하시다.

3그 예물이 소의 번제이면 흠 없는 수컷으로 회막 문에서 여호와 앞에 기쁘게 받으시도록 드릴지니라 4그는 번제물의 머리에 안수할지니 그를 위하여 기쁘게 받으심이 되어 그를 위하여 속죄가 될 것이라 5그는 여호와 앞에서 그 수송아지를 잡을 것이요 아론의 자손 제사장들은 그 피를 가져다가 회막 문 앞 제단 사방에 뿌릴 것이며 6그는 또 그 번제물의 가죽을 벗기고 각을 뜰 것이요 7제사장 아론의 자손들은 제단 위에 불을 붙이고 불 위에 나무를 벌여 놓고 8아론의 자손 제사장들은 그 뜬 각과 머리와 기름을 제단 위의 불 위에 있는 나무에 벌여 놓을 것이며 9그 내장과 정강이를 물로 씻을 것이요 제사장은 그 전부를 제단 위에서 불살라 번제를 드릴지니 이는 화제라 여호와께 향기로운 냄새니라 (레 1:3~9).

이 제사법은 오늘날 우리의 눈에 조금 이상해 보입니다. 일반 사람들은 도축 현장에 갈 일이 거의 없습니다. 우리는 슈퍼마켓에 진열된 포장 고기에 익숙한 사람들입니다. 그런데 이스라엘 사람들은 대부분 양치기였습니다. 인간의 필요를 위해 양이나 소를 도축하는 과정을 지켜보는 데 익숙한 사람들이었습니다. 하지만 번제를 위한 세부 사항은 이스라엘 백성조차 조금 특이하게 여길 만한 것들이었습니다.

students

레위기 1장 3~9절을 읽고, 다음 질문에 답해 보세요.

동물은 어디에서 데려왔습니까?
예물을 드리는 사람이 집에서 기르던 것이어야 했습니다. 동물은 "가축 중에서"(레 1:2) 고른 것으로 사유물이었습니다.

어떤 종류의 동물이어야 합니까?
수송아지, 숫양, 숫염소, 비둘기 등이 제물로 쓰였습니다 (레 1:5, 10, 14). 각각의 동물은 신체적으로 온전해야 했습니다. 즉, '흠 없는' 것이어야 했습니다. 따라서 같은 조건의 다른 동물들보다 값이 더 나갔을 것입니다 (레 1:3).

제물은 어디에서 드려졌습니까?
지정된 장소, 곧 '회막 문에서' 드려야 했습니다 (레 1:3)

┃ 제물을 바치는 사람은 어떻게 해서 동물과 동일시되었습니까?

예물을 드리는 사람은 "번제물의 머리에 안수"해야 합니다(레 1:4). 그는 제사 과정에 계속해서 관여합니다. 제사장이 특정 기능을 수행할 때도 마찬가지입니다(레 1:9).

┃ 주님은 제물에 어떻게 반응하셨습니까?

제물은 "여호와께 향기로운 냄새"가 됩니다(레 1:9). 하나님이 그 희생 제물을 받으셨다는 뜻입니다. 훗날 바울은 여기에 빗대어 예수님의 십자가를 하나님께 드린 "향기로운 제물과 희생 제물"(엡 5:2)로 묘사합니다.

번제는 제물 바치는 자의 속죄를 가져옵니다. 자발적으로 드리는 제사로, 일반적으로 의도하지 않은 죄에 대한 속죄를 위한 것입니다. 주님께 대한 헌신과 완전한 복종을 표현하는 것이 목적입니다.

속죄란 사람의 죄를 덮거나 무효로 하는 것입니다. 속죄의 동기는 하나님의 사랑입니다. 이는 피 흘림을 통해서 일어납니다. 구약에서 동물의 피 흘림은 '회개', '하나님께 돌이킴', '하나님의 용서'를 상징합니다.

이스라엘 백성은 일 년 중 하루는 오직 속죄에만 집중했습니다. 바로 대속죄일, 히브리어로 '욤 키푸르'입니다. 이날은 가을마다 돌아오는 거룩한 날로 레위기 16장과 23장 26~32절, 민수기 29장 7~11절에 잘 묘사되어 있습니다. 일 년 중 단 하루로 이스라엘의 대제사장이 성막(훗날 성전)의 지성소, 즉 언약궤가 보관된 장소에 들어가는 것이 허락된 날입니다. 대제사장은 특별히 잡은 수송아지의 피를 들고 지성소로 들어가 "손가락으로 그 피를 속죄소 앞에 일곱 번" 뿌렸습니다(레 16:14). 이 제의를 통해 대제사장은 "이스라엘 자손의 모든 죄를 위하여 일 년에 한 번 속죄"했습니다(레 16:34).

소제, 일용할 곡식으로 드려라

레위기에서 하나님이 지시하신 두 번째 제사는 곡물(혹은 빵이나 가루)과 관련됩니다. 동물 희생 제사와 함께 드려지기도 하지만, 독립적으로 드려지기도 합니다. '소제'라는 이름은 동물을 죽이지 않고 곡물 가루나 요리로 만드는 유일한 제사라는 사실에서 비롯되었습니다.

레위기 2장에서 주님이 이 제사에 관해 모세에게 지시하신 내용은 다음과 같습니다.

1누구든지 소제의 예물을 여호와께 드리려거든 고운 가루로 예물을 삼아 그 위에 기름을 붓고 또 그 위에 유향을 놓아 2아론의 자손 제사장들에게로 가져갈 것이요 제사장은 그 고운 가루 한 움큼과 기름과 그 모든 유향을 가져다가 기념물로 제단 위에서 불사를지니 이는 화제라 여호와께 향기로운 냄새니라 3그 소제물의 남은 것은 아론과 그의 자손에게 돌릴지니 이는 여호와의 화제물 중에 지극히 거룩한 것이니라(레 2:1~3).

번제와 마찬가지로 소제도 제물을 바치는 자에게는 재료 면에서나 준비 면에서나 치러야 할 대가가 컸습니다. 주님은 자기 백성에게 최선을 기대(또한 요구)하셨습니다. 소제는 번제와 달리 일부만 불태웠습니다. 불태운 부분은 번제와 마찬가지로 "여호와께 향기로운 냄새"가 되었습니다.

소제의 특징을 통해 그 목적을 추론해 보면 다음과 같습니다.

첫째, 소제의 예물은 주님의 '기념물'로 제단 위에서 불살라졌습니다. 이는 제물을 바치는 자가 하나님께 자신을 은혜로 기억해 달라고 청하는 것이 제사의 목적 중 하나임을 의미합니다(레 2:2).

둘째, 보리나 밀 같은 다양한 곡물이 수확되기 시작하면 '처음 익은 것'으로 특별 소제를 드렸습니다(레 2:14~16). 이는 땅의 수확을 허락하신 하나님께 감사하는 것이 제사의 목적 중 하나임을 의미합니다(민 15:18~20 참조).

셋째, 소제는 평소에 자발적으로 드려졌습니다. 곡물은 이스라엘 백성의 일용할 양식이었습니다. 이는 매일의 삶이 하나님께 받은 선물임을 기억나게 하는 것이 제사의 목적 중 하나임을 의미합니다.

백성은 날마다 곡물을 먹었기 때문에(가루로 빻아 빵으로 굽는 식으로), 소제는 생명을 위한 일용할 양식이 하나님의 공급에 달려 있다는 사실을 예배자에게 일깨우는 역할을 합니다. 이 제사는 하나님을 예배할 수 있게 되었다는 것, 예를 들어 죄나 질병 때문에 드리지 못했던 예배를 회복했다는 것을 나타내 주었습니다.

화목제, 이리 와 함께 먹자꾸나

하나님이 레위기에서 지정하신 모든 제사 가운데, 유일하게 화목제만 제물을 바치는 자도 먹을 수 있었습니다. 이것은 이 희생 제사가 무엇을 상징하느냐와 관련해 중요한 의미를 담고 있습니다. 이 제사의 목적은 하나님과의 화해로 인간이 하나님과 친교를 누릴 수 있게 하려는 것입니다. '화목제'라는 이름은 '평화'나 '온전함'을 의미하는 히브리어 단어 '샬롬'에서 비롯되었습니다. 제물을 바치는 자는 제사장 앞에 흠 없는 소나 양이나 염소를 가져와야 합니다. 화목제는 번제와 달리 기름과 내장 일부만 불에 태웠습니다.

레위기 3장에서 주님이 이 제사에 관해 모세에게 지시하신 내용은 다음과 같습니다.

1사람이 만일 화목제의 제물을 예물로 드리되 소로 드리려면 수컷이나 암컷이나 흠 없는 것으로 여호와 앞에 드릴지니 2그 예물의 머리에 안수하고 회막 문에서 잡을 것이요 아론의 자손 제사장들은 그 피를 제단 사방에 뿌릴 것이며 3그는 또 그 화목제의 제물 중에서 여호와께 화제를 드릴지니 곧 내장에 덮인 기름과 내장에 붙은 모든 기름과 4두 콩팥과 그 위의 기름 곧 허리 쪽에 있는 것과 간에 덮인 꺼풀을 콩팥과 함께 떼어 낼 것이요 5아론의 자손은 그것을 제단 위의 불 위에 있는 나무 위의 번제물 위에서 사를지니 이는 화제라 여호와께 향기로운 냄새니라(레 3:1~5).

제물을 바친 자는 제물을 요리해 제물을 드린 날과 그다음 날까지 먹을 수 있었습니다(레 7:16~18). 이것은 '하나님', '제사장', '제물을 바친 자'가 서로 친교를 나누는 일종의 공동 식사였습니다. 희생 제물로 바쳤던 고기를 같이 먹는 것은 이제 하나님과 올바른 관계를 맺게 되었음을 상징합니다. 대부분의 문화권에서는 어느 정도 우정 관계가 있어야 함께 식사합니다. 마찬가지로 이는 하나님이 친교의 식사를 함께 나누자고 예배자들을 초대하시는 것입니다.

그리스도와의 연결

번제에 대해 잘 알고 있던 히브리서 저자는 이스라엘 백성이 드리는 모든 희생 제사가 그리스도의 십자가 대속의 그림자이자 예표라는 사실을 설명했습니다.

> 염소와 송아지의 피로 하지 아니하고 오직 자기의 피로 영원한 속죄를 이루사 단번에 성소에 들어가셨느니라(히 9:12).

그리스도의 죽음이 이스라엘 예전의 상징성을 어떻게 성취했는지 히브리서 9장에 잘 드러납니다. 예수님은 죄가 없으시므로 다른 이의 피가 필요 없지만, 다른 이들을 위해 자기 피를 바치셨습니다. 예수님은 지상의 모형 대신 하늘의 '지성소'로 들어가셨고(지난 과 참조), 일시적인 속죄가 아닌 '영원한 구속'을 이루셨습니다. 하나님께 자기 자신을 희생 제물로 바침으로써 우리의 죄를 영원히 사하셨습니다. "그가 거룩하게 된 자들을 한 번의 제사로 영원히 온전하게 하셨느니라 … 이것들을 사하셨은즉 다시 죄를 위하여 제사 드릴 것이 없느니라"(히 10:14, 18).

알짬 교리 **99**

희생 제물이신 그리스도

구약성경에는 세상 죄를 지고 희생하신 하나님의 어린양 그리스도를 예고하는 몇 가지 예표와 상징과 구절들이 있습니다. 제물로 죄를 없애지 못하는 구약의 희생 제사와 달리(히 10:4), 십자가에 달리신 그리스도의 희생은 죄를 영원히 '단번에' 없애십니다.

YOUR STORY

하나님이 들려주시는 이야기는 오늘을 사는 나와 늘 연결되어 있습니다. 아래 질문에 답하면서 성경 이야기가 내 이야기와 어떻게 연결되는지 생각해 봅시다.

▶ **죄책감은 어떤 감정인가요? 그것은 그리스도와의 관계에 있어 어떤 영향을 미칠까요?**
죄를 짓고 나서 양심이 자신을 비난한 경험이 있다면 죄책감을 경험한 것입니다. 죄책감은 그리스도를 바라보게 합니다. 주님 안에서 구원의 은혜를 통해 죄책감으로부터 자유로워질 수 있다는 것을 알기 때문입니다.

▶ **소제와 관련해서 생각해 볼 때, 오늘날 우리는 하나님께 감사하는 마음을 어떻게 표현할 수 있을까요?**
이 질문에 관한 대답은 다양할 것입니다.

▶ **갈등이 일어나는 모습을 여기저기서 보게 됩니다. 과연 다른 이들과 어떻게 관계를 회복해 나가야 할까요?**
관계의 회복은 다른 사람을 하나님의 형상으로 바라보는 데서부터 시작됩니다. 내가 받기 원하는 존중을 똑같이 받을 자격이 있고, 나와 동등한 가치를 가진 자로써 바라보는 것입니다. 또한 그들을 알아 가고, 그들에게 섬김을 보이고, 그들에 관해 갖고 있던 오해나 편견을 없애는 것 등으로 표현될 수 있습니다.

▶ **제물에 드는 비용과 죄의 무게는 어떤 관계가 있을까요?**
제물에 드는 비용은 '죄의 무게'를 보여 줍니다. 제물이 비싸지 않다면 죄도 대단치 않게 여겨질 것입니다. 은혜와 구원이라는 값없는 선물은 우리의 선행에 달려 있지 않지만, 독생자의 생명으로 값을 치렀기 때문에 여전히 값비싼 은혜입니다. 그리고 이것은 우리에게 육체의 행위를 삼가고 제자의 행동을 요구합니다.

하나님의 이야기
하나님이 그분의 아들 예수 그리스도를 통해 우리를 구속해 주신 이야기

우리의 이야기
우리의 이야기가 하나님의 이야기와 만나는 곳

YOUR MISSION

생 각
HEAD

그리스도의 단번의 희생 제사에 힘입어, 우리는 더 이상 자신의 속죄를 위해 희생 제물을 드릴 필요가 없어졌습니다. 오늘날의 희생 제물은 죄를 무마하거나 하나님께 은총을 입기 위한 것이 아닙니다. 오히려 하나님의 구원에 대한 반응으로서 감사와 믿음으로 드리는 희생 제물입니다

- 구원이라는 위대한 선물을 주신 하나님께 우리는 어떤 희생 제물을 드리고 있습니까?
  이 질문에 관한 대답은 다양할 것입니다.

- 예수님의 희생을 제대로 이해하는 것은 하나님께 최고의 예물을 드리도록 어떻게 동기를 부여합니까?
  하나님과 화해할 수 있도록 그리스도가 우리를 위해 행하신 일을 깨닫는다면, 삶의 모든 영역에서 이에 대한 감사를 표현하는 방식으로 반응할 수밖에 없을 것입니다.

마 음
HEART

레위기에 나오는 동물을 도축해 가죽을 벗기고 토막을 내고 불태우는 희생 제사 모습이 낯설지만, 두 가지 핵심을 볼 수 있습니다. 그것은 우리 죄의 심각성과 구세주의 필요성입니다.

- 희생 제물은 그것을 바친 사람이 자기 죄에 관해 어떻게 느끼게 만들어 줄까요?
  이 질문에 관한 대답은 다양할 것입니다.

- 희생 제물이나 구원자가 필요하다는 것을 알지 못할 때, 우리는 죄를 어떻게 여길까요?
  하나님이 눈감아 주시거나 감춰 주실 수 있기 때문에 죄를 본질적으로 심각한 것이 아니라고 여길 수 있습니다.

행 동
HANDS

바울은 "너희 몸을 … 산 제물로 드리라"(롬 12:1~2)라고 믿는 자들에게 권했습니다. 도축이 포함된 동물 제사와 달리, 소제에는 죽임이 없었지만 하나님께 드려진 후에 다른 사람에게 유익을 주었습니다. 예수님을 따르는 자들도 영적 은사를 사용해 다른 사람들을 섬길 수 있어야 합니다(롬 12:3~8).

- 우리를 위한 그리스도의 희생이 주님을 위해 살고 싶은 열망을 불러일으키는 이유는 무엇입니까?
  이 질문에 관한 대답은 다양할 것입니다.

- 하나님이 주신 은사는 무엇이며, 그것으로 다른 이들을 어떻게 섬길 수 있습니까?
  이 질문에 관한 대답은 다양할 것입니다.

> 다음 모임까지
> 레 19~25장을
> 읽어 보세요.

11

속죄제, 속건제

요약

레위기에 기록된 마지막 두 제사는 '속죄제'와 '속건제'입니다. 이 두 제사는 하나님의 자녀들이 하나님은 물론 이웃과 함께 조화를 이루며 살게 하려고 만들어졌습니다. 속죄제는 하나님 앞에서 백성이 정결하게 되었음을 나타냅니다. 속건제는 죄로 야기된 피해를 '보수'하고 범죄자의 양심을 정결하게 하는 역할을 합니다. 이들 제사가 가리키는 대상은 예수 그리스도로 그분의 사역은 우리 마음을 정화하고, 우리 양심을 정결하게 하며, 우리를 자유롭게 해서 하나님의 영광을 위해 선한 행동을 하게 합니다.

성 경

레위기 5장 1~19절; 히브리서 9장 13~14절; 13장 11~12절

HIS STORY

포 인 트	속죄 제사는 정결과 정화에 필요하다.
등 장 인 물	삼위일체 하나님(성부, 성자, 성령) 모세(하나님의 백성을 약속의 땅으로 인도하도록 선택됨) 아론(모세의 형, 하나님이 모세의 대변인으로 택하심)
메시지 좌표	이번 과에서는 속죄제와 속건제를 살펴봄으로써 구약성경에 나오는 희생 제사의 의미와 목적과 차이점 등에 관해 계속 알아보겠습니다. 이 이야기에는 우리가 되새겨야 할 중요한 초점이 있습니다. 구약의 제사들을 고대인들의 원시적인 관행으로만 치부해서는 곤란합니다. 오히려 성경은 장차 우리를 위해 드리실 그리스도의 완전한 희생 제사를 살짝 엿보게 합니다. 이 제사들은 예수 그리스도를 가리키고 있습니다. 주님은 우리 마음을 정화하고, 우리 양심을 정결하게 하며, 우리를 자유롭게 해서 하나님의 영광을 위해 선한 일을 하도록 하십니다.

도 입   5~10분

▶ 음식을 바닥에 떨어뜨렸을 때, 빨리 집어먹으면 괜찮을 것이라고 생각합니까? 그렇다면 또는 그렇지 않다면, 그 이유는 무엇인가요?

▶ 왜 우리는 먹고 마시는 음식이 깨끗하기를 바랄까요?

최근에 식당에서 마셨던 물과 먹었던 음식을 떠올려 보십시오. 당신은 그 물과 음식이 청결하다고 믿고 먹었을 것입니다. 그런데 사실 기대하는 만큼 청결하지 않았을 수도 있습니다. 실제로 식품 속에는 생각보다 많은 불순물이 들어 있습니다.

- 초콜릿에는 100g당 평균 60개 이상의 곤충 파편과 1개 이상의 쥐 털이 있을 수 있습니다.
- 팝콘은 지정된 부표본 안에 1개 이상의 설치류 똥이 들어 있을 수 있습니다.
- 딸기에는 평균 45~55% 이상 되는 양의 사상균이 함유되어 있습니다.
- 아이스크림은 살모넬라균과 포도상구균의 숙주가 될 수 있습니다.
- 치즈는 저온 살균해야 안전합니다. 살균되지 않은 치즈에는 병원성 세균인 리스테리아균이 들어 있어 특히 임산부에게는 위험합니다.

▶ 음식과 물은 불순물이 조금 들어 있어도, 즉 덜 깨끗해도 괜찮을 수 있습니다. 그렇다면 그리스도인의 삶은 어떻습니까? 조금 덜 깨끗해도 괜찮을까요?

고대 이스라엘 백성이 박테리아를 알았을 리 만무하지만, 그들은 '정함'과 '부정함', '순전함'과 '오염됨'의 개념에 매우 익숙했습니다. 하나님은 자기 백성이 주님의 마음을 닮기 원했기 때문에 그들의 순전함을 지키는 데 관심이 많으셨습니다. '정함'과 '부정함'의 엄격한 범주는 그들이 순전함을 향해 나아갈 수 있도록 도왔습니다.

도입 선택

물이 담긴 컵, 빨간색 식용 색소, 표백제, 스포이트, 숟가락 등을 준비하십시오. 학생들이 모이면, 과거에 죄책감을 느꼈던 사건에 관해 이야기를 나누게 합니다. 이때 다른 사람도 죄책감을 느낄 만한 죄에 관해 이야기하도록 하세요. 먼저 교사 자신의 경험을 들려주면서, 물이 담긴 컵에 식용 색소 몇 방울을 떨어뜨립니다. 색소가 물을 더럽히는 것과 같은 방식으로 죄도 하나님이나 다른 사람들과의 관계를 오염시킨다는 사실을 전하십시오.

• '죄를 되돌릴 수만 있다면 … ' 하고 바란 적이 있습니까? 그게 가능한 일일까요?

색소로 물든 물에 표백제를 넣고, 물이 깨끗해질 때까지 천천히 젓습니다. 우리 삶에서 죄의 흔적을 제거하기 위해 우리가 할 수 있는 것은 아무것도 없지만, 예수 그리스도의 보혈이 우리 죄를 사하고 정결하게 하실 수 있음을 강조해 주십시오.

* 주의 사항: 모임 시작 전에 미리 실험해 효과를 확인하십시오.

연 대 표

속죄 제사 (2부)
ATONEMENT SACRIFICES (PART II)
속죄제, 속건제를 설명하다.

모세의 고별 설교
MOSES' FAREWELL ADDRESS
구속하신 하나님을 기억하라는
지침을 주다.

약속의 땅 정탐
SCOUTING THE PROMISED LAND
정탐꾼들이 돌아와 보고하다.

놋뱀
THE BRONZE SERPENT
쳐다보는 모든 백성이 치유되다.

요단 강이 갈라짐
THE PARTING OF THE JORDAN
하나님이 여호수아를 불러 이스
라엘을 인도하게 하시다.

여리고 전투
THE BATTLE OF JERICHO
이스라엘이 여리고를 정복하도
록 라합이 돕다.

속죄제, 죄를 깨끗이 씻어 주마!

이스라엘 백성은 죄로 불리는 것들의 세세한 목록을 받았습니다. 고의로 저지른 죄는 처벌이 엄격합니다. 하지만 이런 경우도 있습니다. 죄를 지었지만 시간이 지나서야 하나님의 율법을 어겼음을 깨닫는 경우 말입니다. 뒤늦게라도 죄 지은 것을 깨달았다면 어떻게 해야 할까요? 죄는 심각한 것이기 때문에 무심코 지은 죄라도 사람을 더럽힐 수 있습니다. 그러니 확실하게 다뤄서 깨끗이 씻어 내야 합니다.

이스라엘 백성에게 속죄제는 고의 없이 저지른 죄들을 해결하기 위한 수단이었습니다. 이것은 부정해진 사람들을 정결하게 하기 위한 하나님의 해법이기도 했습니다. 속죄제에 관한 레위기의 이야기는 부정한 사람이 제물로 드리는 동물에 안수함으로써 죄가 어떻게 상징적으로 그에게서 제물로 전가되는지를 보여 줍니다. 물리적인 접촉만으로 속죄와 회복이 일어나는 것입니다.

1만일 누구든지 저주하는 소리를 듣고서도 증인이 되어 그가 본 것이나 알고 있는 것을 알리지 아니하면 그는 자기의 죄를 져야 할 것이요 그 허물이 그에게로 돌아갈 것이며 2만일 누구든지 부정한 것들 곧 부정한 들짐승의 사체나 부정한 가축의 사체나 부정한 곤충의 사체를 만졌으면 부지중이라고 할지라도 그 몸이 더러워져서 허물이 있을 것이요 3만일 부지중에 어떤 사람의 부정에 닿았는데 그 사람의 부정이 어떠한 부정이든지 그것을 깨달았을 때에는 허물이 있을 것이요 4만일 누구든지 입술로 맹세하여 악한 일이든지 선한 일이든지 하리라고 함부로 말하면 그 사람이 함부로 말하여 맹세한 것이 무엇이든지 그가 깨닫지 못하다가 그것을 깨닫게 되었을 때에는 그중 하나에 그에게 허물이 있을 것이니 5이 중 하나에 허물이 있을 때에는 아무 일에 잘못하였노라 자복하고 6그 잘못으로 말미암아 여호와께 속죄제를 드리되 양 떼의 암컷 어린양이나 염소를 끌어다가 속죄제를 드릴 것이요 제사장은 그의 허물을 위하여 속죄할지니라(레 5:1~6, 이 부분을 전부 읽으려면 19절까지 읽으세요).

화목제와 마찬가지로 속죄제도 희생 제물의 일부를 불에 태웠는데, 그 고기는 제사장만 먹을 수 있었습니다(레 6:27, 29). 죄를 지은 사람은 희생 동물 위에 안수하는 의식을 치러야 했습니다(레 4:4, 15, 24, 29). 속죄 제물로 도축된 동물의 피를 어떻게 다뤄야 하는지 제의 절차가 상세히 기록되었습니다(레 4:6~7, 16~18, 25, 30; 5:9). 이 제사는 반복적으로 명확하게 '속죄'로 불렸습니다(레 4:21, 26, 31; 5:6, 10, 13; 6:30).

또한 정결 제의 시 동물의 피는 문자 그대로 깨끗하게 하려고 뿌려졌습니다. 부정했던 사람들은 속죄제의 결과로 제의상 깨끗해졌다는 선포를 받았습니다. 이스라엘 예전에서 또 하나의 주요 연례 제사는 레위기 16장에 기록된 대속죄일 의례입니다. 대제사장이 "성소에 들어오려면 수송아지를 속죄 제물로" 삼아야 한다는 규정이 있었습니다(레 16:3).

> 자신이 죄인임을 깨달은 적이 있나요? 이때 죄를 숨기기 위해 애썼나요, 아니면 인정하고 회개했나요? 죄를 숨기면 죄책감이 덜할까요?

오늘날 우리는 희생 제사를 드리지는 않지만, 죄를 인식하고 바로잡는 것은 여전히 하나님께 중요합니다.

속건제, 잘못을 바로잡아 주마!

다른 이에게 손해를 끼친 후 양심은 어떨까요? 자신의 잘못을 알게 되면, 어떻게든 바로잡으려는 것이 인간의 본성이죠. 이스라엘 백성도 마찬가지였습니다. 이에 대한 하나님의 답은 속건제였습니다. 이 제사는 '속건제', '보상제', '배상제' 등 다양하게 번역되어 왔습니다.

속건제는 여호와가 지정하신 다섯 번째이자 마지막 제사입니다. 이 제사는 몇 가지 점에서 속죄제와 유사합니다. 속죄제와 마찬가지로 속건제도 고의가 아닌 죄의 예방에 관심을 기울였습니다. 특히 중점을 둔 부분은 다른 사람이 정당하게 소유한 물건을 빼앗음으로써 그에게 입힌 피해를 보상하는 것이었습니다. 레위기 5장은 속건제를 이렇게 묘사합니다.

14여호와께서 모세에게 말씀하여 이르시되 15누구든지 여호와의 성물에 대하여 부지중에 범죄하였으면 여호와께 속건제를 드리되 네가 지정한 가치를 따라 성소의 세겔로 몇 세겔 은에 상당한 흠 없는 숫양을 양 떼 중에서 끌어다가 속건제로 드려서 16성물에 대한 잘못을 보상하되 그것에 오분의 일을 더하여 제사장에게 줄 것이요 제사장은 그 속건제의 숫양으로 그를 위하여 속죄한즉 그가 사함을 받으리라 17만일 누구든지 여호와의 계명 중 하나를 부지중에 범하여도 허물이라 벌을 당할 것이니 18그는 네가 지정한 가치대로 양 떼 중 흠 없는 숫양을 속건제물로 제사장에게로 가져갈 것이요 제사장은 그가 부지중에 범죄한 허물을 위하여 속죄한즉 그가 사함을 받으리라 19이는 속건제니 그가 여호와 앞에 참으로 잘못을 저질렀음이니라(레 5:14~19).

속건제는 양심이 더럽혀졌을 때, 이를 바로잡으려는 하나님의 방법입니다. 특히 다른 사람의 것을 빼앗아 입힌 손해에 대한 피해 보상을 중요하게 생각했습니다.

자신도 모르게 누군가에게 상처 입힌 사실을 알게 된다면 이를 바로잡겠습니까? 이것이 왜 중요할까요?

오늘날 우리는 자신이 저지른 죄를 하나님 앞에서 어떻게 바로잡고 있습니까?

하나님과의 바른 관계가 중요합니다. 그러나 죄가 다른 사람들에게 영향을 미칠 때는 그들과의 관계도 바로잡아야 합니다.

그리스도와의 연결

히브리서 저자는 대속죄일에 드리는 속죄제에 관해 잘 알고 있었습니다. 성령의 영감으로 이것이 예루살렘 성 밖에서 일어난 예수님의 피 흘리신 죽음을 예표한다고 믿었습니다.

11이는 죄를 위한 짐승의 피는 대제사장이 가지고 성소에 들어가고 그 육체는 영문 밖에서 불사름이라 12그러므로 예수도 자기 피로써 백성을 거룩하게 하려고 성문 밖에서 고난을 받으셨느니라(히 13:11~12).

예수님의 죽음은 다음과 같은 점에서 대속죄일의 희생 제물과 같습니다.

· 피가 정결하게 합니다.

· 희생 제물은 "영문 밖에" 있습니다.

한편 예수님의 죽음은 다음과 같은 점에서 대속죄일의 희생 제물과 다릅니다.

· 우리에게는 먹을 수 있는 "제단이 있는데"(히 13:10), 대속죄일의 희생 제물은 아무도, 심지어 제사장도 제단에서 먹을 수 없었습니다. 우리는 이스라엘의 제사장들보다 더 대단한 특권을 가졌습니다.

· 예수님의 피는 백성을 순전하고 거룩하게 구분하는 신성함을 가져옵니다. 하지만 속죄제에서 뿌려진 피는 단지 상징적으로 죄와 제의상 부정함에서 정결하게 했을 뿐입니다.

히브리서 저자는 예수님의 죽음이 그리스도를 믿는 죄인들의 양심과 어떻게 연관되어 있는지를 분명하게 다루었습니다. 그리하여 히브리서 9장 14절에서 "하물며 … 그리스도의 피"가 어찌 이를 성취하지 못하겠느냐고 선포합니다.

13염소와 황소의 피와 및 암송아지의 재를 부정한 자에게 뿌려 그 육체를 정결하게 하여 거룩하게 하거든 14하물며 영원하신 성령으로 말미암아 흠 없는 자기를 하나님께 드린 그리스도의 피가 어찌 너희 양심을 죽은 행실에서 깨끗하게 하고 살아 계신 하나님을 섬기게 하지 못하겠느냐(히 9:13~14).

이스라엘 백성은 육체적으로 '흠 없는' 동물을 바쳤습니다. 그리스도는 '흠 없는' 유일한 인간으로 우리의 속죄를 위한 대속물이 되기에 적합하셨습니다. 그리스도는 죽임당한 희생 제물이자 대제사장이십니다('자기를 하나님께 드린' 분이기에). 그리스도는 단 한 번의 속죄 제사로 영원히 온전하게 용납되셨습니다(히 10:14). 예수님의 죽음을 통해 믿는 자들의 양심은 영원히 온전하게 깨끗하게 되었습니다. 범죄자의 양심이 더럽혀질 때마다 드려야 했던 이스라엘의 속죄제와는 다릅니다. 이 성결함 덕분에 믿는 자들은 '살아 계신 하나님'을 섬기는 데 자유롭게 되었습니다.

선행으로는 구원을 받을 수 없습니다. 그리스도의 구원이 사람들로 하여금 즐겁게 하나님을 섬기게 만듭니다. 히브리서 9장 13~14절에서 저자는 삼위(성부, 성자, 성령; 하나님, 메시아, 영원하신 영)가 함께 우리의 온전한 구원을 완성하셨음을 보여 줍니다.

알짬 교리**99**

속죄에 관한 다양한 이론

속죄-도덕적 감화설 : 도덕적 감화설에 따르면, 그리스도의 희생 제사는 인류의 태도에 변화를 가져오는 하나님의 사랑을 표현한 것으로 봐야 합니다. 이 이론은 죄인들을 향한 하나님의 진노와 죄에 대한 보상을 요구하시는 하나님에 관해 이야기하지 않음으로써, 그리스도께서 십자가에서 이루신 것들을 다 증언하지 못하는 한계를 지니고 있습니다.

속죄-통치설 : 통치설에 따르면 그리스도의 십자가는 죄에 대한 하나님의 미움이 궁극적으로 드러난 곳입니다. 하나님이 죄의 문제를 얼마나 심각하게 여기시는지를 안다면, 인간은 죄짓는 것을 멈출 수 있을 것입니다. 이 이론은 그리스도를 우리를 위해 고통당하신 분으로 묘사하지만, 그리스도를 우리 죄를 대속하신 희생 제물로 높여 드리지는 않는 오류가 있습니다.

속죄-속전설 : 속전설에 따르면, 그리스도의 대속은 죄, 사탄, 죽음에 대한 우주적인 승리였습니다. 그리스도는 사탄의 왕국에 매인 인류를 구하기 위해 지불해야 했던 속전이셨습니다. 성경의 몇몇 구절은 그리스도를 인류를 위한 대속물로 지칭하며(막 10:45) 죄, 죽음, 사탄에 대한 그리스도의 승리에 관해 말합니다(골 2:15). 그러나 가장 올바른 속전설은 그리스도를 사탄에게 지불된 속전이 아닌 하나님께 드려진 속전으로 이해하는 것입니다.

속죄-만족설 : 만족설에 따르면, 그리스도의 대속은 하나님이 실패한 인간을 용서하시는 데 필요한 모든 전제조건을 만족시키는 사건이었습니다. 하나님은 합당한 영예를 받지 못하셨습니다. 예수님은 하나님이자 사람으로서 인류의 죗값을 치르기 위해 기꺼이 십자가를 지심으로써 죽음으로 하나님께 영예를 돌려드렸습니다.

YOUR STORY

하나님이 들려주시는 이야기는 오늘을 사는 나와 늘 연결되어 있습니다. 아래 질문에 답하면서 성경 이야기가 내 이야기와 어떻게 연결되는지 생각해 봅시다.

▶ 레위기는 속죄제를 드릴 때 제물을 바치는 사람의 죄 고백이 따라야 함을 가르쳐 줍니다. 진심 어린 고백이 왜 중요할까요?
고백이 중요한 이유는 우리가 하나님을 거슬러 죄를 지었고 처벌받을 만하다는 데 동의하는 것이기 때문입니다. 또한 우리를 용서하시고 모든 불의에서 깨끗하게 해 주실 하나님의 은혜와 자비가 필요함을 인정하는 것이기 때문입니다.

▶ 속죄제는 정결함에 대해 어떤 생각을 하도록 만드나요?
이 질문에 관한 대답은 다양할 것입니다.

▶ 사람들은 예수님을 제쳐 놓은 채 죄의식에서 벗어나기 위해 어떻게 합니까?
어려운 사람들을 돕거나 지역 사회에서 자원봉사 활동을 하는 등 선행을 하느라 수고하는 사람들이 있습니다. 물론 좋은 일이지만, 그 일을 함으로써 죄책감을 벗겠다는 마음가짐으로 해서는 안 됩니다.

▶ 정결한 양심은 하나님을 예배하는 데 어떻게 힘을 실어 줍니까? 부정한 양심은 사명을 감당하는 데 어떻게 걸림돌이 됩니까?
이 질문에 관한 대답은 다양할 것입니다.

하나님의 이야기
하나님이 그분의 아들
예수 그리스도를 통해
우리를 구속해 주신 이야기

우리의 이야기
우리의 이야기가
하나님의 이야기와
만나는 곳

YOUR MISSION

생 각

HEAD

> 사람들은 양심의 문제를 스스로 해결하려고 애쓰지만, 문제의 뿌리를 뽑아내지는 못합니다. 그것은 마음의 문제이기 때문입니다.

- 지금까지 한 말 가운데 가장 경솔했던 말은 무엇이었습니까?
  나쁜 행동을 바로잡으려는 힘겨운 시도가 자주 실패하는 까닭은 마음이 아닌 행위만 문제 삼기 때문입니다. 마음은 모든 행함의 뿌리입니다. 따라서 그리스도가 명하신 대로 살기 위해서는 주님으로부터 새 마음을 받아야 합니다.

- 예수님을 믿는 사람은 세상 사람들과 말과 행동이 달라야 한다는 것이 왜 중요할까요?
  이 질문에 관한 대답은 다양할 것입니다.

마 음

HEART

> 예수님은 설교에서 마음의 정결을 강조하셨습니다. 하나님이 정결을 중요하게 여기신다면, 하나님의 백성도 중요하게 여겨야 합니다. 우리를 대신해 그리스도께서 이루신 도덕적 온전함을 통해 값없이 받은 정결함을 드러냄으로써 우리도 하나님처럼 세상에서 구별되어야 합니다.

- 오늘 대화할 때 자주 사용했던 단어가 무엇인지 생각해 보세요. 그 단어들을 통해 오늘 하루 나의 마음 상태가 어땠는지 돌아보세요.
  이 질문에 관한 대답은 다양할 것입니다.

- 지난 24시간 동안 내렸던 결정들을 생각해 보세요. 예수님이 그 결정들을 기뻐하실까요? 그렇다면 또는 그렇지 않다면, 그 이유는 무엇입니까?
  이 질문에 관한 대답은 다양할 것입니다.

행 동

HANDS

> 속죄제와 속건제의 의미는 복음 전도로 이어집니다. 우리를 대신해 죽으신 그리스도의 희생을 통해 이것들을 선물로 받은 만큼, 우리도 다른 이들에게 선포해야 합니다. 죄 씻음은 오직 우리를 대속하신 그리스도의 죽음을 통해서만 가능하다고 말입니다.

- 내 생각과 말과 행동에서 나타나는 그리스도인의 증거가 있다면 무엇입니까?
  이 질문에 관한 대답은 다양할 것입니다.

- 한 주 동안 내가 한 말과 행동에서 예수님이 드러났다고 자신할 수 있습니까?
  이 질문에 관한 대답은 다양할 것입니다.

다음 모임까지
레 26~27장; 민수기 1~5장
을 읽어 보세요.

12

모세의 고별 설교

요약

이번 과에서는 모세의 고별 설교를 자세히 들여다볼 것입니다. 그는 하나님이 주신 율법이 어떻게 그들의 행복을 위한 것인지 설명하고, 율법이 요구하는 것은 완벽하다고 주장합니다. 하나님의 율법에 순종하면 축복을 받고, 불순종하면 저주를 받는다는 것입니다. 우리는 율법을 하나님이 주신 좋은 선물로 여기며, 우리를 구원하신 예수 그리스도의 희생에 의지해야 합니다.

성경

신명기 10장 12~22절; 11장 1, 26~28절

HIS STORY

포 인 트

하나님의 율법은 선물이다. 하지만 우리를 구원해 줄 수는 없다.

등 장 인 물

삼위일체 하나님(성부, 성자, 성령)

모세(하나님의 백성을 약속의 땅으로 인도하도록 선택됨)

메시지 좌표

교사용 팁: 이번 과는 하나님이 모세를 통해 이스라엘 백성에게 드러내신 율법의 목적에 관심을 기울입니다. 율법은 완벽한 하나님이 주신 것입니다. 따라서 오늘날 법체계와 달리 하나님의 율법은 완벽합니다. 오늘날의 법체계와 마찬가지로 구약성경의 율법도 축복과 저주를 모두 담고 있습니다.

모세오경에는 이스라엘 백성의 광야 여정에 관한 광범위한 이야기가 들어 있습니다. 마침내 새 세대가 들어섰습니다. 그들은 여호수아의 지도 아래 약속의 땅에 들어가게 될 것입니다. 이들은 율법이 왜 중요한지, 하나님이 왜 이토록 많은 규칙을 따르라고 요구하시는지 궁금했을 것입니다.

모세는 이스라엘 자녀에게 주는 마지막 교훈, 즉 고별 설교에서 하나님이 그들에게 주신 율법이 어떤 면에서 그들의 행복을 위한 것인지 설명하고, 율법이 요구하는 것은 철저하게 완벽한 것이니 순종해야 한다고 주장했습니다. 하나님의 율법에 순종하면 축복을 받고, 불순종하면 저주를 받는다는 것이죠. 믿는 자로서 우리는 율법을 하나님이 주신 좋은 선물로 여기며, 불순종으로 인한 징벌에서 우리를 구원하신 예수 그리스도의 희생에 의지해 순종하며 살아야 합니다.

도 입　5~10분

범법자들을 상대로 정의를 구현하는 이야기를 다루는 영화들은 꾸준한 사랑을 받아 왔습니다. 예전 서부극에서부터 오늘날 공상 과학 영화에 이르기까지 우리가 바라는 것은 착한 사람이 이기고, 나쁜 사람은 마땅한 대가를 치르는 것입니다.

▶　'착한 사람'이 '나쁜 사람'에게 본때를 보여 주는 영화에는 무엇이 있나요?

▶　법을 좋은 것으로 보기보다 어렵고 나쁜 것으로 여기게 만드는 예를 들어 봅시다.

▶　십계명 중 가장 지키기 어려운 계명은 무엇입니까? 왜 그렇습니까?

▶　첫 번째이자 가장 중요한 계명은 "전심으로 하나님을 사랑하라"입니다(막 12:28~30). 예수님과 관계를 맺지 않고도 전심으로 하나님을 사랑하는 것이 가능할까요?

율법, 사랑의 또 다른 이름

'신명기'는 '두 번째 율법'이라는 뜻으로 이해할 수 있습니다. 이 책은 원래 40년간 이스라엘을 인도해 온 모세가 죽음을 앞두고 마지막으로 전한 고별 설교입니다. 이것이 '두 번째 율법'인 이유를 하나 들어 보면, 신명기 5장이 출애굽기 20장의 십계명 원문을 반복하고 있다는 것입니다. 아래의 신명기 10장은 모세의 긴 설교 중 일부입니다.

12이스라엘아 네 하나님 여호와께서 네게 요구하시는 것이 무엇이냐 곧 네 하나님 여호와를 경외하여 그의 모든 도를 행하고 그를 사랑하며 마음을 다하고 뜻을 다하여 네 하나님 여호와를 섬기고 13내가 오늘 네 행복을 위하여 네게 명하는 여호와의 명령과 규례를 지킬 것이 아니냐 14하늘과 모든 하늘의 하늘과 땅과 그 위의 만물은 본래 네 하나님 여호와께 속한 것이로되 15여호와께서 오직 네 조상들을 기뻐하시고 그들을 사랑하사 그들의 후손인 너희를 만민 중에서 택하셨음이 오늘과 같으니라 16그러므로 너희는 마음에 할례를 행하고 다시는 목을 곧게 하지 말라 17너희의 하나님 여호와는 신 가운데 신이시며 주 가운데 주시요 크고 능하시며 두려우신 하나님이시라 사람을 외모로 보지 아니하시며 뇌물을 받지 아니하시고 18고아와 과부를 위하여 정의를 행하시며 나그네를 사랑하여 그에게 떡과 옷을 주시나니 19너희는 나그네를 사랑하라 전에 너희도 애굽 땅에서 나

도입 선택

큰 종이나 칠판에 다소 황당한 규칙들을 적으십시오. 예를 들어, '말할 때는 한 발로 서기', '파란 옷을 입은 사람만 자리에 앉기', '질문할 때는 양손을 올리기' 같은 것들 말입니다. 그러고 나서 적어도 5분 동안 이 규칙을 확실하게 실행하세요. 규칙을 따르지 않거나 변칙적으로 행동하려고 하는 학생들을 주목해서 보십시오.

• *규칙을 따르는 것을 좋아합니까? 그렇다면 또는 그렇지 않다면, 그 이유는 무엇인가요?*

• *학생 대부분이 규칙을 어겼다고 생각하나요? 설명해 보세요.*

학생들이 위반할 법한 법이나 규칙의 목록을 만들어 보십시오. 예를 들어 결석, 귀가 시간 어기기, 물건 훔치기, 거짓말 등을 들 수 있습니다.
사람에 따라 어떤 규칙은 좋아하고, 또 어떤 규칙은 싫어할 수 있으나 어느 것을 따를지 까다롭게 고를 수는 없다고 말해 주십시오. 우리는 모든 규칙에 복종해야 합니다.

• *성경의 율법에 관해 생각하면, 무엇이 가장 먼저 떠오르나요? 십계명 중에 몇 계명이나 암기할 수 있나요?*

연 대 표

모세의 고별 설교
MOSES' FAREWELL ADDRESS
구속하신 하나님을 기억하라는
지침을 주다.

약속의 땅 정탐
*SCOUTING THE PROMISED
LAND*
정탐꾼들이 돌아와 보고하다.

놋뱀
THE BRONZE SERPENT
쳐다보는 모든 백성이 치유되다.

요단 강이 갈라짐
THE PARTING OF THE JORDAN
하나님이 여호수아를 불러 이스
라엘을 인도하게 하시다.

여리고 전투
THE BATTLE OF JERICHO
이스라엘이 여리고를 정복하도
록 라합이 돕다.

아이 정복
CONQUEST OF AI
한 사람의 죄가 주위 모든 이에
게 부정적인 영향을 미치다.

그네 되었음이니라 20네 하나님 여호와를 경외하여 그를 섬기며 그에게 의지하고 그의 이름으로 맹세하라 21그는 네 찬송이시요 네 하나님이시라 네 눈으로 본 이같이 크고 두려운 일을 너를 위하여 행하셨느니라 22애굽에 내려간 네 조상들이 겨우 칠십 인이었으나 이제는 네 하나님 여호와께서 너를 하늘의 별같이 많게 하셨느니라(신 10:12~22).

신명기 10장에서 모세는 하나님의 율법에 관한 진리를 설명하고 있습니다. 첫째, 율법은 하나님의 위대하심과 선하심을 드러냅니다. 모세가 하나님에 관해 어떻게 말하는지 주목해서 보세요(신 10:14, 15, 17, 18, 22 참조).

· 하나님은 하늘과 땅의 하나님이자 만물의 창조주이십니다(신 10:14). 따라서 자기 피조물에 대한 소유권이 있습니다.
· 하나님은 큰 사랑으로 한 백성을 선택하신 분입니다(신 10:15). 하나님의 구원이 그분의 사랑에서 비롯되었다는 것은 성경의 위대한 주제 중 하나입니다.
· 하나님은 "신 가운데 신이시며 주 가운데 주"이십니다(신 10:17). 따라서 다른 능력 있는 초월적인 존재가 있든 말든, 인간의 통치자(권세자)가 있든 말든, 하나님이 그들 전부보다 더 위대하십니다.
· 하나님은 정의의 하나님으로, 특히 고아와 과부와 나그네처럼 자주 부정의 대상이 될 수 있는 사람들을 위해서 일하십니다(신 10:18).
· 하나님은 이스라엘을 구속하신 분입니다(신 10:22). 그들을 이집트에서 탈출하게 하시며 속박에서 건지신 구원은 하나님이 주도하신 일입니다.

둘째, 하나님은 악행하는 자를 제지하기 위한 객관적인 기준을 세우고자 율법을 만드셨습니다. 율법에는 하나님이 구속받은 백성에게 "너는 마음을 다하고 뜻을 다하고 힘을 다하여"(신 6:5) 주님을 사랑하라고 요구하신 것의 의미가 무엇인지를 알 수 있는 구체적인 지침들이 들어 있습니다. 그 지침들은 다음과 같습니다.

주님을 경외하라(신 10:12, 20).
하나님은 백성이 자신을 경외하고 존중하기를 바라십니다. 경외에는 하나님을 기쁘시게 하는 헌신과 하나님을 실망시키지 않으려는 염려가 포함됩니다.

주님을 섬기라(신 10:12, 20).

십계명의 첫째 계명은 "나 외에는 다른 신들을 네게 두지 말지니라"(신 5:7)입니다. 하나님에게는 자기 백성의 예배를 독점하실 권리가 있습니다.

주님의 모든 도를 행하라(신 10:12~13).

하나님의 백성은 따라야 할 율법을 택하거나 뽑지 않습니다. 그분을 위해서만이 아니라 자신을 위해서도 모든 율법을 지켜야 합니다.

마음에 할례를 행하라(신 10:16).

변화된 마음이 요구될 때, 하나님을 올바로 사랑하지 못하도록 마음을 가로막는 완고함을 제거하는 것이 마음의 할례입니다(하나님을 마음에 할례를 베푸시는 분으로 묘사하는 신 30:6 참조).

이 목록은 계속 이어질 수 있습니다. 중요한 것은 율법이 하나님의 위대하심과 선하심을 드러낼 뿐 아니라, 하나님과 이웃에 대한 사랑을 어떻게 표현할지 세부 지침을 제공한다는 점입니다. 율법은 참으로 대단한 축복입니다.

하나님을 사랑하는 것과 하나님께 순종하는 것은 어떤 연관이 있습니까?

하나님은 우리가 순종해야만 우리를 사랑하시는 분일까요?

> ### 본문으로 더 깊이
>
> 그리스도인은 예수님이 우리를 대신해 모든 율법을 성취하셨다고 믿지만, 구약에는 여전히 차원이 다른 율법이 있음을 알 수 있습니다. 수세기 동안 그리스도인은 율법을 세 가지 영역, 즉 민법(신정 통치의 맥락에서 이스라엘 백성을 다스리기 위한), 제의법(성전 의식과 제사 제도를 위한 규율과 규례), 도덕법(십계명에 설명된 법들과 문화를 초월하는 원칙들)으로 나누었습니다. 일부 학자들은 이 구분이 다소 임의적이라고 말합니다. 하지만 이것은 다른 종류의 율법을 인식하고, 일부 원칙들이 다른 정황에서 어떻게 다르게 적용되는지 인식하도록 돕습니다.

율법, 항상 지켜야 하는 것

지난 과에서 배웠던 것처럼, 하나님은 이미 구속하신 백성에게 율법을 주셨습니다. 하나님은 우리에게 율법을 구원을 위한 수단으로 주신 것이 아닙니다. 희생 제물 법은 이스라엘 백성이 율법을 깨뜨렸을 때, 해야 할 지침을 주기 위한 것이었습니다. 율법은 하나님의 백성에게 유익을 주기 위해 축복으로서 만들어진 것입니다.

그런데 이것을 이스라엘 백성이 오해하면 어떻게 하죠? 하나님과의 관계를 위해 율법을 지켜야 한다고 생각하면 어떻게 하죠? 더 심각하게는 하나님의 신임을 얻기 위해서, 또는 구원의 유익을 얻기 위해서 율법을 지켜야 한다고 생각하면 어떻게 하냐는 것입니다. 실제로 많은 사람이 이런 실수를 범했습니다. 자신의 행위로 신의 사랑을 입을 수 있다고 생각하는 것은 인간이 가진 죄의 성향입니다. 세계의 대다수 종교 활동은 신을 향한 인간의 도를 닦는 시도로 볼 수 있습니다.

바울은 자칭 '의롭다' 하는 수많은 유대인이 스스로 율법에 얽매여 있던 시대에 이렇게 강론했습니다. "무릇 율법 행위에 속한 자들은 저주 아래에 있나니 기록된 바 누구든지 율법책에 기록된 대로 모든 일을 항상 행하지 아니하는 자는 저주 아래에 있는 자라 하였음이라"(갈 3:10). 바울이 인용한 율법은 신명기 27장 26절입니다. 그러나 신명기 11장 1절을 인용했을 수도 있습니다.

그런즉 네 하나님 여호와를 사랑하여 그가 주신 책무와 법도와 규례와 명령을 항상 지키라(신 11:1).

신명기 11장 1절에서 모세는 율법의 엄정함을 지적합니다. '항상'이라는 단어에 주목하세요. 율법의 요구는 엄격합니다. 선한 행동에는 쉬는 시간이 없습니다. 율법의 요구 아래 살아간다는 것의 핵심은 '율법은 온전함을 요구한다'는 것입니다. 희생 제물의 규칙들이 이 사실을 충분히 보여 주었다시피, 아무도 율법에 온전히 순종할 수 없기 때문에 모두가 율법을 범하고 말았습니다. 인간은 엄격한 율법 앞에서 갈수록 자신이 온전함과 얼마나 거리가 먼지를 깨달아 갑니다.

이에 관해 야고보가 또 하나의 가르침을 주었는데, 하나님의 계명 중 하나라도 범하면 모두 범한 자가 된다고 했습니다(약 2:10). 불순종은 사랑하지 않는 것입니다. 사랑이 율법의 시작이요 율법의 목적이라면, 한 계명이라도 불순종하는 것은 전부를 무너뜨리는 일이 될 것입니다. 필요한 것은 전적인 온전함입니다. 예수님도 이 진리를 피하지 않으셨습니다. 그래서 규정을 완화해 주시거나 율법을 소화하기 쉽게 만들어 주시는 대신 "하늘에 계신 너희 아버지의 온전하심과 같이 너희도 온전하라"고 명하셨습니다(마 5:48).

앞에서 우리는 하나님의 율법이 그분의 성품에 대해 어떻게 단서를 제공하는지 살펴봤습니다. 율법은 우리를 구원하신 하나님에 관해 많은 것을 보여 줍니다. 그중 하나가 하나님의 절대적으로 고결하신 거룩입니다. 하나님께는 죄나 악의 흔적이 없습니다. 반역이나 범죄의 얼룩도 없습니다. 하나님은 거룩한 사랑이십니다. 그래서 의심할 바 없이 하나님의 거룩하심을 그대로 반영하는 하나님의 율법은 우리의 죄성을 비춰 줍니다.

그리스도와의 연결

인간은 불순종하는 성향을 가지고 있습니다. 우리는 하나님께 반역했고, 그래서 당연하게도 그의 저주 아래 있게 되었습니다. 때가 이르자 예수님이 오셔서 우리를 위해 그 저주를 받으셨습니다. 바울이 설명한 대로 "그리스도께서 우리를 위하여 저주를 받은 바 되사 율법의 저주에서 우리를 속량" 하셨습니다(갈 3:13).

그리스도 안에 있는 모든 사람은 율법이 결정한 영원한 정죄로부터 해방되었습니다. 우리를 위해 저주를 받으신 그리스도를 믿는 믿음으로 자유롭게 된 것입니다. 이제 더 이상 저주를 두려워할 필요가 없습니다. "그러므로 이제 그리스도 예수 안에 있는 자에게는 결코 정죄함이 없나니 이는 그리스도 예수 안에 있는 생명의 성령의 법이 죄와 사망의 법에서 너를 해방하였음이라"(롬 8:1~2).

그러나 우리에게는 해야 할 일이 있습니다. "우리는 몸으로 있든지 떠나든지 주를 기쁘시게 하는 자가 되기를 힘쓰노라 이는 우리가 다 반드시 그리스도의 심판대 앞에 나타나게 되어 각각 선악간에 그 몸으로 행한 것을 따라 받으려 함이라"(고후 5:9~10). 혹은 야고보가 말한 대로 "자유의 율법대로 심판받을 자처럼 말도 하고 행하기도"(약 2:12) 해야 합니다.

알짬 교리**99**

거룩하신 하나님

'하나님의 거룩하심'이란 창조된 모든 피조물과 구분되는 하나님의 고유성을 가리킵니다. 히브리어로 '거룩하다'는 '분리하다' 혹은 '구별하다'라는 뜻입니다. 하나님의 거룩하심은 그분의 절대적인 순수성을 가리키기도 합니다. 하나님은 세상 악에 의해 더럽혀지지 않으시며, 그분의 선하심은 완전합니다. 우리가 성경에서 발견하는 도덕적 규범은 그분의 거룩하신 성품을 반영하고 있습니다. 인간은 하나님의 형상대로 거룩하게 살도록 부름받았습니다.

YOUR STORY

하나님이 들려주시는 이야기는 오늘을 사는 나와 늘 연결되어 있습니다. 아래 질문에 답하면서 성경 이야기가 내 이야기와 어떻게 연결되는지 생각해 봅시다.

▶ **왜 사람들은 하나님의 선하심은 제쳐 놓고 율법에만 초점을 맞출까요? 그렇게 하면 어떤 위험성이 있을까요?**

율법에만 초점을 맞추면, 하나님은 우리 인생에 그저 규칙이나 규범 꾸러미를 던져 주시려 한다는 편견에 빠질 수 있습니다. 하지만 하나님의 선하심에 초점을 맞춘다면, 하나님이 우리의 유익이나 즐거움을 앗아가시려는 게 아니라, 오히려 극대화하신다는 것을 깨닫게 될 것입니다. 결국, 하나님의 율법이 우리에게 유익이며 즐거움임을 알게 되기 때문입니다.

▶ **율법은 하나님과 다른 사람들을 어떻게 사랑하면 되는지 상세히 가르쳐 줍니다. 구체적으로 어떻게 실천할 수 있을까요?**

평범한 심부름이나 통금 시간 같은 가정 규칙은 물론 도둑질 같은 도덕법이 포함될 수 있습니다.

▶ **하나님의 율법을 이해하는 것이 주님의 성품을 이해하는 데 어떤 도움이 됩니까? 이런 식으로 하나님의 성품을 이해하는 것이 다른 사람들을 대하는 태도에 어떤 영향을 미칠까요?**

하나님의 거룩하심과 도덕적 온전함의 연장선에서 하나님의 율법을 이해합니다. 그래서 다른 사람들과 관련되었을 때 하나님의 율법을 따르는 것이 이웃에 대한 사랑을 보여 주는 수단임을 알아야 합니다.

▶ **속죄제와 속건제에 대해 배운 것이 내 삶에 주신 하나님의 명령을 이해하는 데 어떤 도움이 되었습니까?**

이 질문에 관한 대답은 다양할 것입니다.

하나님의 이야기
하나님이 그분의 아들
예수 그리스도를 통해
우리를 구속해 주신 이야기

우리의 이야기
우리의 이야기가
하나님의 이야기와
만나는 곳

5~10분

YOUR MISSION

생 각
HEAD

우리는 규칙을 쓸데없이 제한하고 얽매는 것으로 이해하는 경향이 있습니다. 하지만 규칙은 자유를 억압하는 것이 아닙니다. 오히려 자유롭게 해 줍니다. 규칙이 없는 집이란 고집 센 어린아이가 쥐고 흔드는 집과 같습니다. 이런 집에서는 다른 가족이 행복하게 살 수 없습니다. 하나님의 백성에게는 인생 지침이 필요합니다.

- 하나님의 명령이 금지투성이라 부담스럽게 느껴진 적이 있습니까?
  이 질문에 관한 대답은 다양할 것입니다.

- 율법이 하나님의 도덕적 성품을 반영하는 것임을 깨닫는 것이 왜 중요할까요?
  하나님은 거룩하시기에 우리는 그분의 계명을 거룩하신 성품의 연장으로 보아야 합니다.

마 음
HEART

신명기 11장 1절에서 중요한 두 가지를 발견할 수 있습니다. 첫째, "네 하나님 여호와를 사랑하라." 하나님에 대한 우리의 사랑을 표현하는 길은 불손하지 않게 그분께 순종하는 것입니다. 둘째, 보기만 해도 겁나는 말인 '항상'입니다. 우리는 하나님이 주신 책무와 법도와 규칙과 명령을 항상 지켜야 합니다. 하나님은 사랑에서 우러나온 완전한 순종을 요구하십니다.

- 순종이란 단어를 들으면 가장 먼저 떠오르는 것이 무엇입니까? 왜 그럴까요?
  이 질문에 관한 대답은 다양할 것입니다.

- 율법을 잘 이해하는 것이 은혜에 대한 열망과 감사를 높이는 데 도움이 될까요?
  율법을 통해 우리는 자신이 하나님의 거룩한 기준대로 살지 못했음을 볼 수 있습니다. 이에 대해 우리가 보여야 할 반응은 율법을 지키기 위해 부단히 노력하거나 절망하는 것이 아닙니다. 오히려 그리스도를 믿는 믿음을 통해 우리 안에서 그리스도께서 우리를 위해 율법을 지키셨다는 데 감사해야 합니다.

행 동
HANDS

하나님의 명령이 우리의 선과 기쁨을 위한 것이며 하나님의 도덕적 성품을 반영하는 것임을 깨닫고 나면, 일상생활에서 하나님의 명령을 대하고 처리하는 방식이 바뀌게 될 것입니다. 그렇게 되면 하나님의 명령을 부담스러운 구속으로 여기지 않고, 하나님의 거룩하심을 따라 살기 위해 명령을 따르는 우리 모습을 주변 사람들도 보게 될 것입니다.

- 하나님의 명령을 따르는 사람은 그분에 대한 사랑을 어떻게 보여 주고 있나요?
  이 질문에 관한 대답은 다양할 것입니다.

- 하나님께 순종함으로써 변화된 사람을 보고 다른 사람들은 어떤 도전을 받을까요?
  사람들이 도전받는 이유는 세상과 다르게 살면서 그들의 삶에 하나님의 거룩하심이 나타나는 것을 보기 때문입니다. 또는 하나님의 계명대로 살려고 아무리 노력해도 여전히 그리스도 안에서 하나님의 은혜가 필요한 죄인이라는 살아 있는 증거 때문입니다.

다음 모임까지
민 6~20장; 시 90편;
95편을 읽어 보세요.

자료 1

출애굽기의 주요 인물

모세

이집트의 압제를 받던 시대에 히브리인 노예 가정에서 태어났다. 그 당시 있었던 유아 살해로 희생당할 뻔했지만, 하나님의 섭리로 살아남았고 파라오의 궁궐에서 자랐다. 결과적으로 하나님께 사용되어 하나님의 백성을 이집트의 노예 상태에서 건져 약속의 땅으로 인도했다. 전통적으로 성경의 처음 다섯 책은 모세가 쓴 것으로 알려져 왔다.

파라오

'파라오'는 고대 이집트의 왕을 이르는 이름이다. 출이집트의 정확한 연대와 관련해서는 학자들의 견해가 나뉘는데, 좀 더 이른 주전 1450~1425년경으로 보기도 하고, 주전 1304~1237년경으로 보기도 한다. 출이집트가 좀 더 이른 시기에 일어났다면 아멘호테프 2세, 후대라면 람세스 2세가 유력한 파라오 후보가 된다.

아론

모세가 히브리인들을 이집트의 노예 상태에서 인도해 내는 데 중요한 역할을 했던 모세의 형이다. 모세가 처음에 하나님께 말주변이 없다고 불평했기 때문에 아론이 모세의 지침을 받아 대신 말하고 행동했다(출애굽기에는 기록되지 않은 사실이다). 백성이 지속적으로 죄를 짓도록 한 우상(금송아지)을 만드는 것을 주도했지만, 훗날 성막에서 일하는 최초의 대제사장이 되었다. 성막은 인간의 삶 속에서 역사하시는 하나님의 은혜를 잘 보여 준다.

대제사장

대제사장 직분은 모세의 형 아론에게서 시작되어 대대로 그의 후손에게 전해 내려졌다. 대제사장에게는 많은 책임이 따르지만, 가장 중요한 것은 지성소에 들어가 속죄소에 피를 뿌리며 자신과 백성을 위해 속죄하는 제사다. 대제사장은 다른 제사장의 직무를 나누어 맡을 뿐 아니라, 궁극적으로 위대한 대제사장이신 다시 오실 예수 그리스도를 예표한다.

브살렐

하나님의 사명과 은사를 받아 일꾼과 장인들을 이끌고 광야에서 성막을 만들었다. 또 대제사장을 '영화롭고 아름답게'(출 28:2) 하기 위해 눈부신 보석과 정교한 디자인으로 대제사장의 의복을 만드는 사명도 받았다.

오홀리압

브살렐을 도운 장인으로 광야의 성막과 내부 성물을 만드는 데 일부 책임을 맡았다. 그의 기술은 하나님의 영이 그의 마음을 충만케 하신 결과였다.

성막

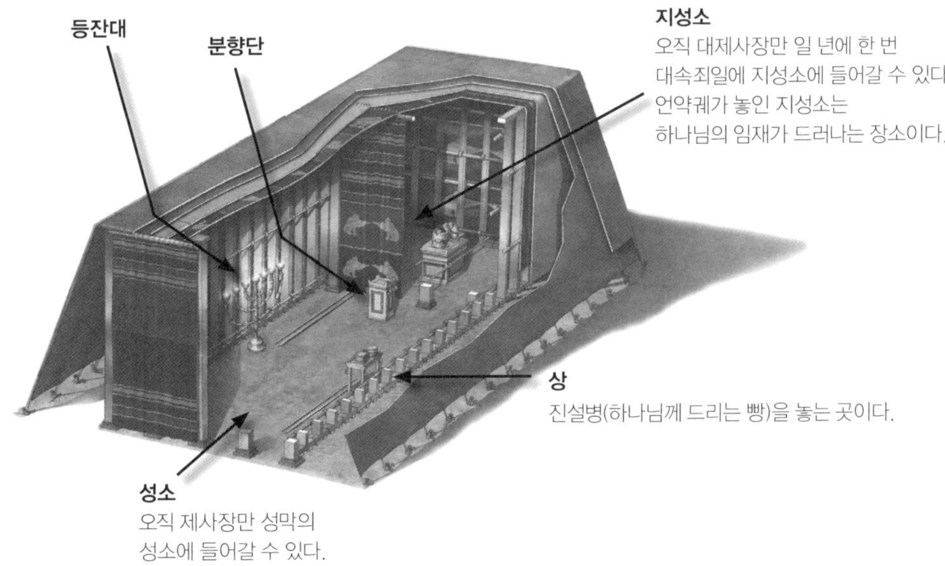

이스라엘 백성이라면 누구나 제사를
드리기 위해 성막의 뜰에 들어갈 수 있다.

자료 3

속죄 제물

제사	희생 제물	특이점	숨은 의미	그리스도의 속죄로 완성
번제 (레 1장; 6:8~13)	**흠 없는** 황소, 숫양, 숫염소, 산비둘기 수컷이나 어린 집비둘기	속죄를 위해 전부를 드림, 가죽은 제사장이 가짐	자발적. 죄에 대한 속죄로서 하나님을 향한 완전한 순종, 정성, 헌신을 의미	예수님은 십자가에서 피를 흘리심으로 우리를 위해 자신을 온전히 내주어 영원한 속죄를 이루심 (히 9:12)
소제 (레 2장; 6:14~23)	낟알, 가루, 떡. 생으로 또는 올리브기름, 유향, 소금을 섞어 만든 소제물. **누룩은 넣지 말아야 함.**	기념으로 삼은 일부(유향은 전부)를 번제단에서 태움, 나머지는 제사장에게 줌	자발적. 첫 수확물에 대한 감사를 의미	예수님은 자신의 죽음을 많은 열매를 맺기 위해 떨어지는 하나의 밀알과 같은, 섬김과 축복으로 설명하심 (요 12:24)
화목제 (레 3장; 7:11~36)	**흠 없는** 동물 (동물의 종류는 개인의 경제력에 따라 다양함)	기름과 고기 일부를 번제단에서 태움, 나머지는 드린 자와 제사장이 함께 먹음	자발적. 하나님과의 화해를 의미	예수님의 피는 죄인들을 서로, 그리고 하나님과 화해시킴, 그분은 우리의 평화 (엡 2:11~14)
속죄제 (레 4:1~ 5:13; 6:24~30)	**흠 없는** 동물 (동물의 종류는 개인의 경제력에 따라 다양함)	부지중에 저지른 죄를 속죄하기 위해 번제단에서 기름을 태움, 나머지는 제사장에게 줌	강제적. 죄를 저지른 부정한 사람이 정결함을 얻기 위해 행하는 제사	영문 밖에서 불사르는 속죄 제사는 백성을 거룩하게 하시려고 예루살렘 밖에서 십자가에 달리신 예수님의 죽음을 예표함 (히 13:11~12)
속건제 (레 5:14~ 6:7; 7:1~6)	흠 없는 숫양	기름과 고기 일부를 번제단에서 태움, 나머지와 보상액에 1/5을 더해 제사장에게 줌	강제적. 다른 이의 권리를 침해했거나 여호와의 성물을 부정하게 한 사람이 행하는 제사	예수님의 피 흘리신 죽음은 그분을 믿는 죄인의 양심을 깨끗하게 함 (히 9:13~14)

자료 4

모세의 일생

모세는 하나님의 백성과 함께 고난받기를 택했으니,
그리스도를 위해 받는 수모를 애굽의 모든 보화보다 더 큰 재물로 여겼기 때문이다(히 11:23~29).

3개월

- 상자에 담겨 나일 강에 띄워짐, 바로의 딸이 발견
  (출 2장)
- 생모가 젖을 줌(출 2장)
- 젖을 떼고 난 후 바로의 딸에게 아들로 주어짐(출 2장)

40세

- 히브리인 노예를 때리는 애굽인 감독관을 죽임
  (출 2장; 참조, 행 7:23~24)
- 미디안으로 도망(출 2장)
- 십보라와 결혼(출 2장)
- 아들 게르솜과 엘리에셀 출생(출 2장)

80세

- 떨기나무 사이로 여호와를 만남
  (출 3~4장; 참조, 행 7:30)
- 애굽으로 돌아와 바로와 재앙으로 겨룸(출 4~12장)
- 첫 번째 유월절(출 12장)
- 출애굽과 홍해 도하(출 12~14장)
- 이스라엘 백성을 시내 산으로 인도함(출 15-19장)
  - 마실 수 없는 쓴 물(출 15장)
  - '만나'라는 하늘에서 내려온 떡과 메추라기가 공급
    됨(출 16장)
  - 반석에서 나온 물(출 17장)
  - 아말렉을 물리치는 이스라엘 백성(출 17장)
- 여호와께서 십계명과 명령들을 주심(출 20~23장)
- 언약 체결식(출 24장)
- 여호와께서 성막과 제사장직에 대한 지침을 주심
  (출 25~31장)
- 이스라엘 백성이 금송아지를 예배함(출 32장)
- 모세가 하나님의 영광을 목도함(출 34장)

81세

- 성막을 완성하고 거룩하게 구별함(출 40장)
- 여호와께서 희생 제사를 위한 법과 지침을 주심
  (레 1장~민 10장)
- 백성을 약속의 땅 남쪽 경계로 인도함(민 10장)

- 미리암과 아론이 모세의 권위에 도전함(민 12장)
- 이스라엘 백성이 반항하며 약속의 땅을 거절함
  (민 13~14장)
- 이스라엘 백성이 40년 동안 광야를 헤매는 벌을 받음
  (민 14장)
- 이스라엘 백성이 반항하며 약속의 땅으로 올라가려다
  가 패배함(민 14장)

81~119세

- 38년 동안 광야에서 백성을 인도함(민 14, 20, 33장)
  - 고라의 반역(민 16장)

119세

- 미리암의 죽음(민 20장)
- 바위에서 나온 두 번째 물/모세와 아론의 불순종
  (민 20장)
- 아론의 죽음(민 20장)
- 이스라엘 백성의 불평/놋뱀(민 21장)
- 이스라엘 백성이 시혼과 아모리인을 물리침(민 21장)
- 이스라엘 백성이 옥과 바산의 백성을 물리침(민 21장)
- 이스라엘 백성을 약속의 땅 동쪽 경계로 인도함
  (민 22장)
- 발람이 이스라엘을 저주하도록 부름받지만 하나님이
  이를 축복으로 바꾸심(민 22~24장)
- 이스라엘 백성이 반항하며 발람의 계략대로 바알브올
  을 섬김(민 25장)
- 여호수아가 모세의 후계자로 선택됨(민 27장)
- 이스라엘 백성이 미디안을 물리치고 발람을 죽임
  (민 31장)

120세

- 두 번째 율법 선포(신명기)
- 모세는 약속의 땅을 보기는 하지만 들어갈 수 없게 됨
  (신 3장)
- 모세가 느보 산에서 죽음(신 34장)

자료 5

모세와 예수님 비교

모세(선지자)	예수(선지자)
매우 온유한 사람(민 12:3)	자신을 낮추신 하나님이자 인간(빌 2:5~8)
하나님의 집에 충성된 종(민 12:7)	하나님의 집을 맡은 신실한 아들(히 3:1~6)
하나님과 대면해 이야기함(출 33:11)	하나님 영광의 얼굴(고후 4:6)
사라질 영광을 가리기 위해 얼굴의 광채를 가림 (출 34:29~35)	수건을 벗고 주의 영원하신 영광을 보게 하심 (고후 3:13~18)
동류가 없는 선지자(신 34:10~12)	약속된 선지자(신 18:18~19; 행 3:22~26)

모세(중재자)	예수(중보자)
백성 앞에서 하나님을(출 20:19), 하나님 앞에서 백성을(출 18:19) 대변했고, 이스라엘 백성을 위해 중재했음 (출 32장; 민 12, 14, 16, 21장) 옛 언약의 중재자(출 24:8)	하나님과 인류 사이의 유일한 중보자이시고(딤전 2: 5~6), 자신을 통해 하나님께 나아가려는 자들을 위해 언제나 중보하심(롬 8:34; 히 7:25) 새 언약의 중보자(히 9:15)